1分でわかる！ロジカル・シンキング

小野田博一

PHP

はじめに

「論理が正しいか否か」から離れたら、ロジカル・シンキングではありません。

本書で、ロジカル・シンキングが何であるかを知りましょう。

正しく知っていることは大切です。

間違って認識していたら、どんなにトレーニングしてもほとんど効果は得られないからです。

たとえば、背泳ぎのことを平泳ぎと勘違いしている人がどんなに背泳ぎの練習をしても、平泳ぎはほとんど上手にはならないでしょう。

それと同じことです。


ロジカル・シンキングが何であるかを学ぶと、あなたはロジカル・パースンであることに自信が持てるようになります。

また、しっかりとした理屈を述べることができるようになります。

述べる理屈がしっかりとしていると、意見を述べるときに、自信を持って堂々と述べることができますし、相手を理屈で納得させることができます。


「相手を理屈で納得させることができる」ということは、

あなたの意見は国際社会で通用する、ということです。

国際社会のコミュニケーションで通用するのは「理屈」だけなのですから。

二〇一二年六月

小野田博一

なお本書は、基本的に「センテンスごとに改行する」方針で作られているシリーズの一冊として書かれたものです。

そこで本書も、「センテンスごとに改行」を踏襲しています（カギカッコつき発言例などは例外）。

そして、その形式に合うように、話し言葉調の文体を使っています。

1分でわかる!

ロジカル・シンキング

目　次

第3章 だれでもできるロジカル発言

第4章 ロジカル発言の技術

第1章

「ロジカル」とは何か

だれもがロジカル・シンキングを
行なっている。

1▸▸▸

ロジカル・シンキングは、ロジカルな思考——論理的な思考のことです。

……と、この説明でロジカル・シンキングとは何であるかがわかる人は、たぶん本書を読む前から、ロジカル・シンキングとは何かを知っている人でしょう。

たいていの人は「ロジカル」とはどんな意味なのか、「論理的」とはどんな意味なのかを知りません。

それで、ロジカル・シンキングとは何かがわからないのです。

さて、もっともわかりやすそうな事柄から説明を始めましょう。

まず始めは、論理思考能力について、です。

論理思考能力とは、「導くことができるはずの結論」を導く能力です。

そして、見聞きした場合には、結論が正しく導かれているか否かを判断する能力です。

ただしここでいう「正しく」には詳しい説明が必要（もしかしたら、いまあなたが考えている「正しく」の意とはかなり異なるかもしれません）なので、これについては、あとで詳しく説明いたしましょう。

「導くことができるはずの結論」を導いた場合、あなたはロジカル・シンキングを行なったのです。

例を示しましょう。

たとえば、次のような状況だったと考えてください。


あなたは鳥で、まっすぐ空を飛んでいます。

正面に――あなたが進む正面に――木があります。

そのまま飛んでいたら……（どうなりますか?）


木にぶつかるでしょう。

木にぶつかるだろうという結論を、いま、あなたは導いたでしょう。

その思考が論理思考です。

あなたはいまロジカル・シンキングを行なったのです――いとも容易に。

そう、ロジカル・シンキングは簡単です。

いいえ、困難なときもありますが、これはまたあとで説明することにして、話をもとに戻しましょう。

木にぶつかったら痛いでしょう。

痛い思いをすることを、あなたは避けたいと思うはずです。

そして、避けるために進路を変えるでしょう。

木にぶつかったら痛いだろうと考える——経験するはずの痛みを予想する——これはロジカル・シンキングです。

痛い思いをするだろうから、避けたいと考える——当然ですね、理にかなっています。

これもロジカル・シンキングです。

避けたいと思うがゆえに、避ける行動を取ろうと決定する——これも理にかなっています。

これもロジカル・シンキングです。

導いた結論や、下した決定が理にかなっているなら、そのときの思考は、ロジカル・

シンキングです。
なあんだ、他愛ないな……ロジカル・シンキングって、そういうことだったのか、と
あなたはいま思っているでしょう。
そうなのです、そのとおりです。
こんな他愛のないことがロジカル・シンキングなのです。
拍子抜けですか？

人はみな、ロジカル・シンキングを行なっています。

しかも、瞬時に、意識下で（無意識に）。
昆虫でさえそうです。
昆虫採集の網が近づいたら、蝶も蟬もそれから逃げます。
蝶や蟬ですらロジカル・シンキングができるということは、あらためて考えてみる
と、いえ、あらためて考えてみなくとも、かなりすごいことですね。
昆虫がなぜロジカル・シンキングができるのでしょう？
危険を避けるため？

たぶんそうでしょう。

でも、危険を避けるための知能が昆虫にあるなんて、とてもすごいことですね。

まあ、それはともかくとして、もしもロジカル・シンキングを行なわなければ、時に危険です……というよりも愚かです。

たとえば、あなたが道を歩いているときに、あなたの顔に向かってボールが飛んできて、あなたが、「あ、ボールが飛んできた」と思うだけで、その次の思考がなかったら……。

また、たとえば、あなたが小川にかかった丸太橋を渡っているとき、「橋を渡りきるために、この木の上をまっすぐに歩いていこう」と考えたのに、木の途中でなぜか真横を向いて水面に向かって歩こうとしたら……。

ロジカル・シンキングができていなければ、頭が正常に働いていないのです。

1

ロジカル・シンキングができなければ、頭が正常に働いていない。

「理にかなっていること」は
ロジカル。

2▸▸▸

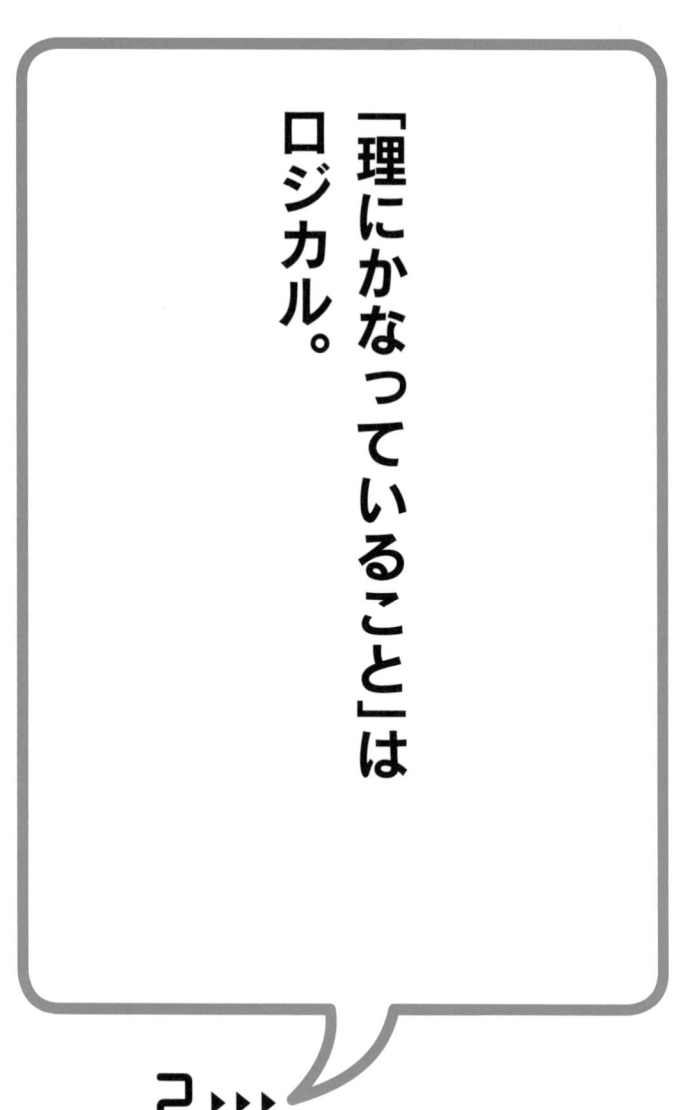

人はみな、意識下でロジカル・シンキングを行なっています。

意識下でのロジカル・シンキングは、たいていの場合正しく行なわれて、問題は生じません（まあ、間違えて大問題が発生することが、まったくないわけではありませんが）。

ところが、意識の上での思考は、といえば……これは大問題
――なぜなら、ロジカル・シンキングではないことが
ときどき（人によってはかなり頻繁に）あるからです。

たとえば、二つの願望が心の中でぶつかったりすると、人はロジカルに考えられなくなってしまいます。

いいえ、むしろ意識下でロジカルに考えられなくなると、思考が意識上にのぼってくるのかもしれません。

――が、話を先に進めすぎましたね。

「ロジカル」とは何かをまだ説明してありませんでした。

以下、「ロジカル」について、本章末まで、しばらく説明をすることにしましょう。

「ロジカル」にはいろいろな意味があります。

前述した「あなたが鳥だったとして……」の例の説明中にすでに出た「理にかなっている」――これは「ロジカル」の意味の一つです。

理にかなっている……これは「理屈の点で納得がいく」とか「(自然などの)摂理に合致している」などの意です。

たとえば、滝の水が上から下に向かって落ちていたら、それは理にかなっている――つまり「ロジカル」です。

また、たとえば、昼にあなたが社員食堂に行ったところ、そこが改造工事中で営業していなかったなら、あなたは工事が終わるまでその場で待ち続けたりはせず、歩み去るでしょう。

この行動はやはり理にかなっています。

つまり、「ロジカル」です。

今度は英語例(「理にかなっている」の意の例)をいろいろ挙げてみましょう。

■logical choice

ある人が何らかの選択をし、あなたにはその選択が理にかなったものに思えるなら、その人の選択はあなたにとって logical choice です。

■logical candidate

何かの役（たとえば会長）にある人が立候補し、あなたにはその人が立候補することが理にかなっていると思えるなら、その人はあなたにとって logical candidate です。

■logical company

あることをどの会社がするのが適任かを考えているとき、あなたにはＸ社がそれをするのが理にかなっていると思えるのなら、あなたには、Ｘ社は logical company (to do it) で、理にかなっているのがそこだけと思うなら、Ｘ is the only logical company to do it. です。

■logical continuation

直訳すれば「理にかなった続き」です。continuation は「次に続く文章」や「続く出来事」など、さまざまな「続くもの」で、それが何かは状況によって異なります。

■logical explanation

直訳すれば「理にかなった理由説明」です。explanation には「理由説明」の意があり、日本語に訳す場合には「理由」と訳すのがもっとも自然なことがよくあります。

たとえば、物を故意に壊すはずのない人がいくつかの物を故意に壊したなら、その行為を見た人の典型的な発言は There had to be a logical explanation. 同じ状況で日本語では、現在形を使って「ちゃんとした訳《わけ》があるはずだ」と言いますね。

■logical result

直訳すれば「理にかなった結果」で、つまり「理屈の点から当然な結果」です。

■logical completion

直訳すれば「論理的な完了」ですが、この訳では意味がわかりませんね。

例文で意味を理解しましょう。

この例文は、あるテスト問題の問いの文で、出題に使われている文章は最後の語が欠落している状態です。

Which one of the following is the most logical completion of the passage above?

次のうちのどれが、上の文章の最後に置くものとして、もっとも理にかなっている（論理の点で適切）？

2 何が「理にかなっている」かはさまざま。

理屈が正しいなら、ロジカル。

3 ▸▸▸

「論理が正しい」「理屈が正しい」なども「ロジカル」の意味の一つです。

これは前項の「理にかなっている」と意味はかなり重なりますが、同一ではなく、異なる部分もあります。

違いは例で見るのがてっとり早く、わかりやすいでしょう。

前提　地球と土星とでは、太陽からの距離は土星までのほうが遠い。
結論　土曜の次は日曜である。

このように、何らかの前提（premise）から結論（conclusion）を導く行為・思考を推論（inference）といい、推論を文字で表わしたもの（口で述べたもの、書いたもの）を議論・論証（argument）といいます。

この議論・論証では、前提も結論も正しいのですが、論理はどうでしょう？　正しくありませんね。

それは、「論理」とは何であるのかを説明できない人でもわかるでしょう。

なぜ論理が正しくないのかといえば、それは、結論が前提から導かれていないからです。

前提から結論が「正しく」導かれているとき——そのときのみ——「論理が正しい」というのです。

ところで、いま使った例では、結論も前提も正しかったのですが、論理は間違いでした。

この例が示すように、「結論が正しいからといって論理が正しいとはかぎらない」のです。

この点は、注意しておきましょう。

次の例は、人によっては理解不能かもしれませんから、理解できない人は無視してください。

無視したからといって、あなたのロジカル・シンキングが不完全なものになるということは……たぶん……ないでしょう。

前提　ペンギンは魚である。
結論　ペンギンは魚か鯨である。

この議論・論証では、論理は正しいですか？

はい、正しいです。


前提から結論が「正しく」導かれています。真実か否かという点からは、結論は正しくないのですが、それは前提が真実ではないからです。


この例でわかるように、「論理が正しい」は「前提や結論が真実か否か」とは「別のもの」です。

——つまり、論理が正しいからといって、結論が正しいとはかぎらないわけです。

また、結論が間違いだからといって、論理が正しくないとはかぎりません。

では、次の例はどうでしょう？——論理は正しいですか？

前提　梓は二十一歳。
結論　梓は二十一歳か十二歳。

これは簡単でしょう?
論理は正しいですね。
梓が実際は十九歳だったとしても、この論理は正しいのです。
ところで、この議論・論証の論理は、どこかで見ませんでしたか?
見ましたね。
そうです、直前のペンギンについてのところにもありました。
論理構造は、こちら(梓について)もペンギンについてのものも、まったく同じです。

「Aである。ゆえに、AかBである」——これが両者の論理構造です。

ところで、「理屈が正しい」は「論理が正しい」とは意味が微妙に異なります。

一番の違いは、「理屈が正しい」では、たいていは、前提が正しいことも意味する点です。

つまり、前提が間違っていたら、通常は「理屈は正しくない」のです。

たとえば、「女子社員はお茶くみをするべきである。ゆえに云々」では、「ゆえに云々」の部分が何であろうと「理屈は正しくない」のです。

なお、理屈の正しさについては、今後、ふんだんに登場します。

3 理屈と論理はちょっと異なる。

4 ▸▸▸

論理構造は結論と結論を
支えるものからなる。

「論理の」「論理上の」なども「ロジカル」の意味の一つです。logical structure, logical flaw, logical gap などの表現での logical はその意味です。

■logical structure

「論理の構造」のことで、日本語ではふつうは「論理構造」といいます。

これは「結論」と「結論を支えるもの」からなる構造のことです。

「構造」という語が使われていることからわかるように、議論・論証（argument）が建造物であるという発想からきている、古くからある表現です。

パルテノン神殿のような石の屋根（結論）をいくつもの支柱（理由）で支えている姿を思い描いてください。これが論理構造です。

英語では、次のような表現が使われます（これらを見れば「論理構造」の姿があなたにも見えるでしょう）。

The argument is shaky.

その議論（論証）はぐらぐらしている。

We need some more facts or the argument will fall apart.

もっと事実が必要だ。さもないとその議論（論証）は崩壊するだろう。

議論についてのアメリカの高校教科書に通常使われているのは、数行前のパルテノン神殿のような絵のほかに、左ページの図1のようなものもあります——これは厚い石版を三つ重ねたような絵です。

これは、結論を理由が支え、理由を事実が支えていることを示す絵です。

また、図2は、結論を二つの理由が支え、それぞれの理由を事実が支えている場合の論理構造を図示した絵です。

■logical flaw

「論理上の欠陥」です。

理屈を組み立てる上での間違いにはいろいろなタイプがありますが、それらはどれも「論理の欠陥」です。

たとえば、少ない例による一般化も、不適切な類推もそうです。
論理の欠陥のうちで、ほとんどつねに見られるのは、次の「論理のギャップ」です。

図１

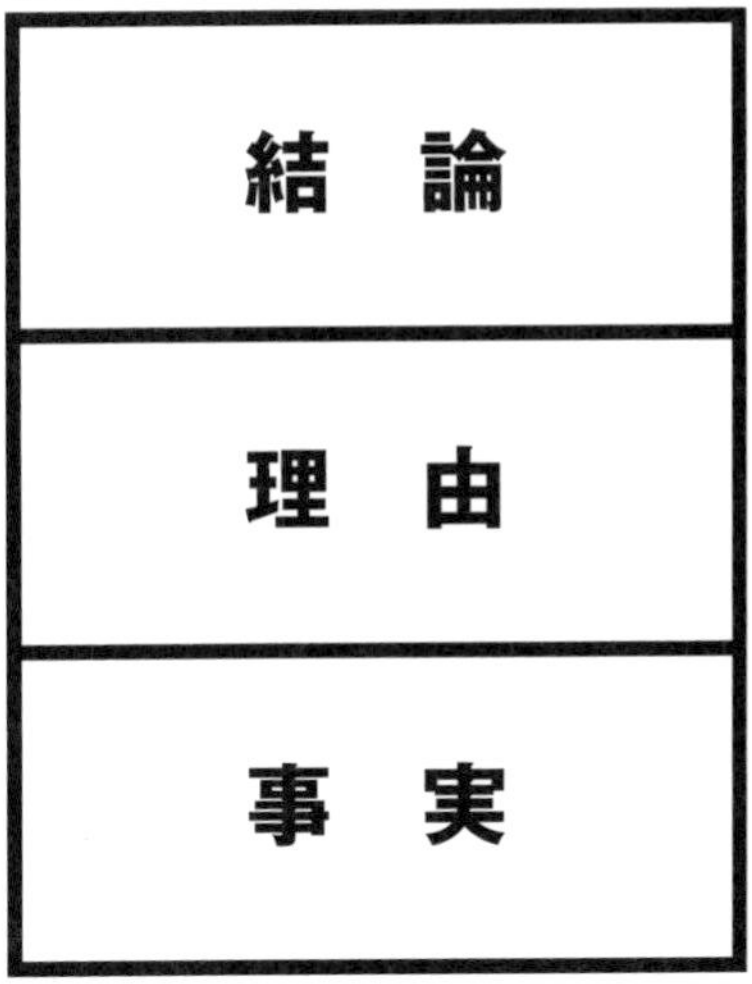

図２

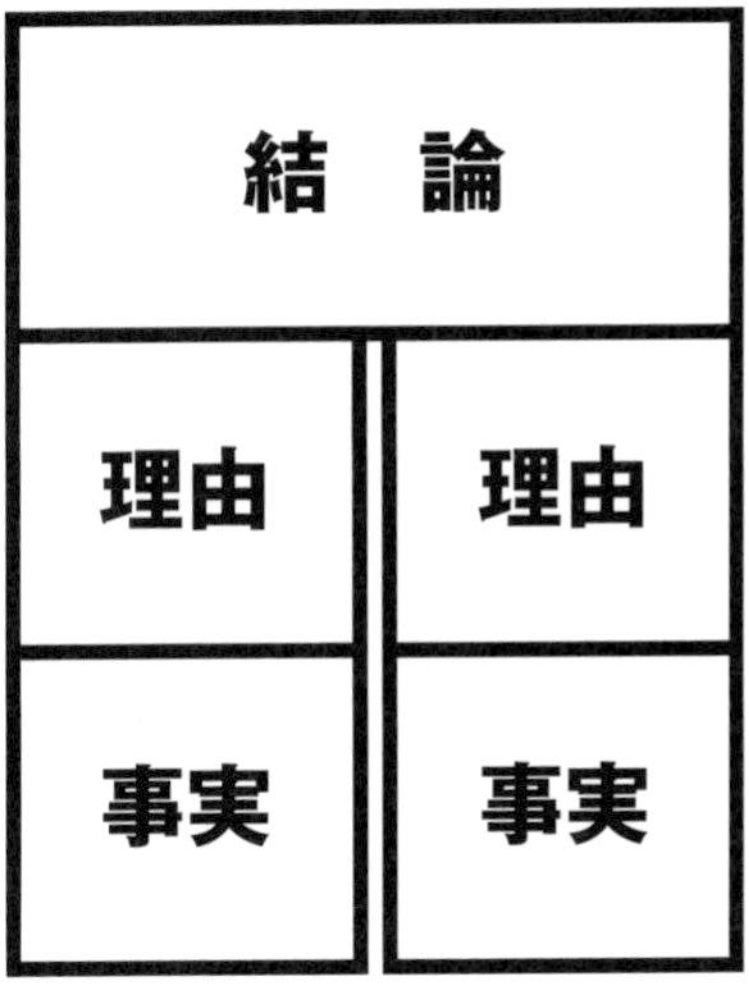

■logical gap

「論理のギャップ」です。

ギャップは隔たりの意です。

たとえば、「ワサビは辛い。だから私はワサビが好きだ」では、それを次の論証表に書き換えるとよくわかるでしょうが、［　］部分が欠けています。

前提1　ワサビは辛い。
前提2　［　　　　］
結　論　私はワサビが好きだ。

［　］に入れるべき文は、たとえば「私は辛い物なら何でも好きだ」ですね——それがあれば、論理は正しくなります。

それがないために生じているのが、「論理のギャップ」です。

では、次の発言はどうでしょう?

「私はタバコの煙が嫌いだ。政府はタバコの販売を禁止すべきだ」

何か欠けていますか?

はい、「私が嫌いなものはすべて、政府が禁止すべきだ」が欠けています。

それを明言したら、論理のギャップは(ほとんど)埋まるのですが、それは別として、これはなんともすさまじい理屈ですね。

4 ちゃんと支えていないなら、論理構造はもろい。

ロジカルな人は、
理屈を説明することが上手。

5 ▸▸▸

「ロジカル」には「論理的に考えることができる」の意もあります。
たとえば、次の例では、その意味で使われています。

■logical person
ロジカル・パースン。
これは「論理的に考えることができる人」のことです。
ところで、ロジカル・パースンとはどんな人でしょう？
どんな人が、そのように見えるのか、人物像を思い浮かべてみてください。

★思考と発言と行動が一致している人？
そうかもしれませんが、必ずしもロジカル・パースンでなくとも一致していることはありえます（ムチャクチャな発言ばかりで、その発言通りの行動をする人だっているでしょうから）。

★感情論を述べない人？

まあ、だいたいそうでしょう。

でも、感情に関して理詰めに述べることができればロジカル・パースンですから、感情論を述べないことがロジカル・パースンの必須事項というわけではありません。

とはいえ、ロジカル・パースンが基本的に感情を云々しないのは一般的な傾向といえるでしょう。

★基本的に理詰めの人？

そうですね。

★理屈の説明が上手い人？

完全にそうですね。

変な理屈を聞いたとき、「その理屈がなぜ変なのか」をロジカル・パースンは説明できるでしょう

（「その理屈は間違っているよ」と言うだけなら、バカでもできます）。

説明が下手な人はロジカル・パースンには見えないでしょうから、説明能力はロジカル・パーソンには必須でしょう。

また、「理屈はそうだけれど、現実は……」とか「世の中、理屈じゃない」と述べたりする人はロジカル・パーソンには全然見えません。

つまり、理屈を尊重し、理屈とは何かをよく理解し、理屈説明が上手な人――これがロジカル・パーソンの人物像ですね。

では、次の人たちはどうでしょう？

ロジカル・パーソンに見えますか？

・聞いたことをすべて鵜呑みにする人

・短絡的な発言をする人

・まわりの人たちの意見をいろいろ聞いてからでないと自分の意見を言えない人

・調べものをするのが苦手な人

・曖昧《あいまい》な表現を好む人

・「そこをなんとか」と言う人

この人たちは、ロジカル・パーソンには見えませんね。

なお、「論理的に話す」とは「ロジカル・パースンの発言に聞こえるように話す」ということで、その話し方については第3章で扱います。

5 理屈を尊重しなければならない。

ところで、「世の中、理屈じゃない」と誤解している人がかなりいるので、その人たちのために次のコラムを置いておきましょう。

コラム

「世の中、理屈じゃない」？

「Y氏はお酒が好きだから、今日の接待（酒の席）は重要だ」

このように考えることは、ロジカルですか？

はい、理にかなっています。

これは非常に論理的な考え方です。

そして、その思考通りに接待をすることは、理屈に合っています。

「世の中、理屈じゃない」と言う人は、接待をしないんでしょうか？

いえいえ、するでしょう。その人は何が理屈なのかを誤解しているのです。

ただそれだけのことで、「世の中、理屈じゃない」と言う人も、理屈に合った行動をたっぷりしています。

世の中、理屈です。

演繹は「一〇〇%確実な結論」を
導く推論。

6 ▸▸▸

前項中に「理屈とは何かをよく理解し」という部分がありましたが、そこはあえて「理屈を正しく理解し」とは書きませんでした。

というのは、そのように書くと「正しい理屈を理解し」と誤解される可能性があるからです。

誤解を避けたい理由は、「絶対的に正しい理屈」は存在しないからです。

それについての説明をする前に、説明すべき事柄があります。

それは「演繹と帰納について」です。

推論（何らかの前提から結論を導く行為・思考）には二種類のものがあります。

演繹（deduction）と帰納（induction）です。

本項では、そのうちの演繹について説明します。

演繹は「一〇〇％確実な結論」を導く推論です。

例を挙げましょう。

前提　巴は二十二歳のシステムエンジニア。
結論　巴は二十二歳。

この論理は正しいですね。
結論の正しさは一〇〇%確実です。
これを日常的な発言の形に変えると——
「巴は二十二歳のシステムエンジニアです。だから巴は二十二歳です」
この論理は正しいですね（論理は何も変わっていないから当然ですが）。
次の二つの例も演繹です（どちらも正しい演繹です）。

「千鶴は会計。だから千鶴は会計か庶務」
「カケスは鳥。だから鳥でなければカケスではない」

演繹の場合、「論理が正しい」はvalidといい、論理学の本では、validの訳語には

「妥当」が使われています。

なお、valid のかわりに logical を使っても間違いではありません。

ところで、「二十二歳のシステムエンジニアは、二十二歳」——これは絶対的な真実です。

何万人もの「二十二歳のシステムエンジニア」に会って「二十二歳であるか否か」を確かめるまでもなく、一人に会う必要すらありません。

これが真実であることは、論理的にわかります。

このような真実を logical truth といいます。

6 演繹について、十分に理解しておこう。

帰納は
「一〇〇%正しいわけではない
結論」を導く推論。

7▸▸▸

もう一度繰り返しますが、演繹は「一〇〇％確実な結論」を導く推論です。

一方、帰納は「一〇〇％正しいわけではない結論」を導く推論です。

たとえば、次の例がそうです。

前提　ボールは、坂道を上から下に向かって転がるものである。
結論　いまこのボールをこの坂道に置いたら、下に向かって転がるだろう。

次の六つの例（日常発言の形）も帰納です。

【例1】「私は今週、くしゃみをしない日はなかった。だから今日もくしゃみをするだろう」

【例2】「私が通勤途中で見かける中学生の女の子は、みなスカートが短い。だから日本の中学生の女の子のスカートは、みな短いのだろう」

【例3】「電話で桃香は、『私はいまお風呂に入っているんだよ』とふざけているような声で言っている。だから実際は入っていないのだろう」

【例4】「これはよく売れそうな本だ。だから、きっとよく売れるだろう」

【例5】「豹《ヒョウ》もライオンもネコ科の動物で、豹は夜行性だ。だから、ライオンも夜行性なのだろう」

【例6】「多くの会社員は電車通勤をしている。だから、さっき会った会社員も電車通勤をしているのだろう」

帰納の結論は一〇〇%正しいわけではないので、帰納の結論中には「だろう」や「かもしれない」などが

ふつうは使われます。

■注意

（以上の説明でわかるでしょうが）一般的な傾向から結論を導くのは帰納です。論理学を学んだことのない人の多くはこれを演繹と誤解しています。もっとも、誤解していても、実生活で問題が生じるわけではありませんね——無知な人に見えるだけのことです。

7 一般的な傾向から結論を導くのは、帰納。

「三段論法は演繹」は間違い。

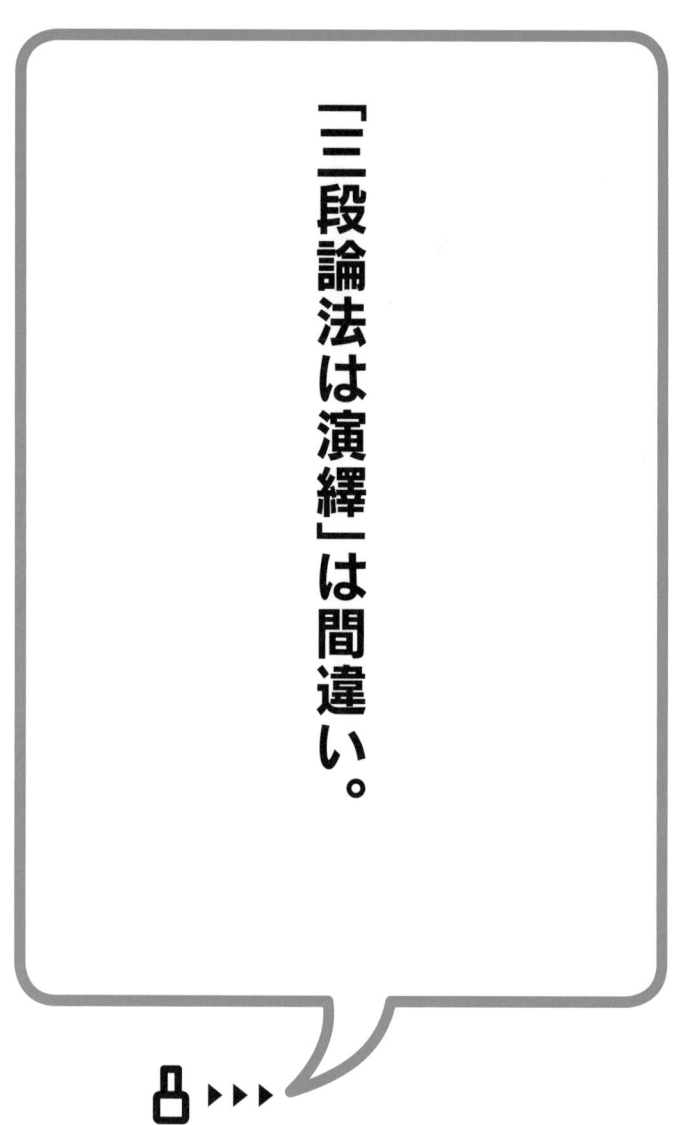

では、ここで、あなたが演繹と帰納を正しく理解できたかを、ちょっとチェックしてみましょう。

【例１】
現在、白夜に人気が集まりつつある。
白夜を扱った本は、まだあまり多くは出版されていない。
だから、白夜を扱った本を出せば、よく売れるだろう。

これは、演繹？　帰納？
答えは、帰納です。

【例２】
Ｋ県で恐竜の化石が発見された。
かつてＫ県には恐竜が生息していたのだろう。

これは、演繹？　帰納？
答えは、帰納です。

【例3】
（私が知っているかぎりでは）Aは日曜にはいつも家にいる。
今日は日曜だから、Aは家にいるはずだ。

これは、演繹？　帰納？
答えは、帰納です。

【例4】
夏美は二十歳であり、二十歳ではない。
したがって、私は勉強好きだ。

これは、演繹？　帰納？

これは、演繹です。

ちなみに、これは演繹なので、論理が正しいか正しくないかが決定可能です。

どっちでしょう？

正解は「論理は正しい」です。

わけがわかりませんか？　わからなくても全然ＯＫです――この例の論理は、実生活には何ら関係のない論理ですから（なお、わかりたい人は拙著『論理力を強くする』〈講談社〉を見てください）。


なお、例１でわかるでしょうが、三段論法であっても演繹とはかぎりません。

「三段論法を行なっていれば、それは演繹」と思っている人が多いのですが、それは誤解です。

三段論法とは、二つの前提から結論を導いている議論・論証をいい、それは演繹である場合も、帰納である場合もあります。

そして、実生活の議論・論証ではほとんどの場合が帰納です。
繰り返しますが、結論が一〇〇％確実でないなら、その議論・論証は帰納なのです。
（三段論法の帰納の例　五十五ページの例1もそうですが、ここにもう一つ置きます）
前提1　新入社員は電話での応対がたいていは下手。
前提2　あかりは新入社員。
結論　あかりは電話での応対が下手だろう。

■補足　ちょっとまぎらわしい話

《「結論が先に述べられていたら演繹」と誤解している人がかなりいます。その誤解は、英語の日常用法が不正確であることからきています。それについての話が、以下です。》

deductive argument は、論理学用語としては deduction と同じで、演繹で、inductive argument は帰納です。

ところが日常生活では――英語圏の高校の議論の教科書でも―― deductive argument は、冒頭に結論が置いてある議論・論証のことで、inductive argument は、結論が最後に置かれている議論・論証のことです。
つまり、日常的な意味では、deductive argumentが「演繹風な議論」、inductive argumentが「帰納風な議論」です。

ところで、日常生活における議論・論証のほとんどは帰納です(何度も繰り返しますが、結論が一〇〇%確実でないなら、その議論・論証は帰納なのです)。

それで、deductive argumentとはいっても、日常生活ではそれはほとんどの場合、帰納です。

8 結論を先に述べていても、たいていは帰納。

「私の理屈は正しい」と
思ってはいけない。

9 ▸▸▸

日常的に「理屈」とよばれるものは帰納で、特に、一般的な傾向を述べるものや、一般論をもとに論ずるものや、「すべき」の語を含むものなどが「理屈」とよばれます。

「絶対的に正しい理屈は存在しない」と⑥で述べましたが、それは理屈が帰納だからです。

帰納は結論が一〇〇％正しいわけではありません。

それで、帰納を述べる場合は「正しそうな感じ」（結論が正しく導かれている感じ）が重要となります。

結論の導き方の正しそうな感じが強ければ強いほど、帰納は「正しそう」に見えます。

たとえば、次の二つの例ではAよりもBのほうが正しそうに見えます。

「正しそう」とはこの感じ（相対的な強さ）を指します。

Ａ「さきほど私が立ち寄った小さなY書店にはゲーム理論の本が一冊もなかった。いまは、ゲーム理論の本が売れないのだろう」

Ｂ「昨日私が行った大きな書店三つのどこにも、ゲーム理論の本が一冊もなかった。
いまは、ゲーム理論の本が売れないのだろう」

正しそうに見えるとき、その帰納はロジカルです。

帰納がロジカルとは、より正確にいえば、「ロジカルに見える（聞こえる）」ということで、それは英語の表現にそのまま登場します。

「それはロジカルだ」――英語では、

That's logical. のほかに、sound（～に聞こえる）などを使って、

That sounds logical.

That seems logical.

That appears logical.

That looks logical.

等々、いろいろな表現をします。

「見かけだけはロジカル」（で実は違う、の文が続く）には seemingly や apparently を使います。

たとえば、「この見かけだけはロジカルな決定」は this seemingly logical decision です。

というわけで、いきなり教訓ですが、理屈を述べる際は『相手にとって』正しそうな感じがあること」が大切です。

9 「『相手にとって』正しそうな感じがあること」が大切。

相手が「そういうことなら、その結論になるのはもっともだ」と思うとき、あなたの理屈は相手にとって正しいのです。

聞き手に正しそうに聞こえないなら、あなたの理屈は、「相手にとって」正しくないのです。

相手にとって正しくない理屈を話すのは単に労力のムダですから、あなたが話す理屈は相手にとって正しくなければなりません。

10▸▸▸

断定しても、
説得力は強くならない。

前項で述べたように、結論の導き方の正しそうな感じが強ければ強いほど、帰納は「正しそう」に見えるわけですが、この「正しそう」な感じの「強い」議論・論証を、英語では strong argument といいます。

逆に、「正しそう」な感じの「弱い」議論・論証は、weak argument です。

この強い（strong）・弱い（weak）は、正しそうな感じ・もっともらしさの感じで、主観的・相対的なものであって、絶対的なものではありません。

また、とくにここに注意していただきたいのですが、これは語調やトーンの強弱とはまったく関係がありません。

つまり、「断定すれば説得力が強くなる」などと誤解しないように注意しましょう。断定できないものを断定すると、説得力は損なわれるので、これには十分注意が必要です。

前項にも「強弱」の例がありますが、ここでもさらにいくつか見ておきましょう。

次のそれぞれのセットでAとBとを比較した場合、あなたにはどちらが「強い議論」

でどちらが「弱い議論」ですか？

A「今朝、通勤中に、白いヘアバンドの中学生が一人いた。中学生に白いヘアバンドが流行っているのだろう」

B「今朝、通勤中に、白いヘアバンドの中学生が八人いた。中学生に白いヘアバンドが流行っているのだろう」

A「麻衣は週に一回は遅刻する。だから麻衣は今日も遅刻するかもしれない」

B「麻衣は週に三回は遅刻する。だから麻衣は今日も遅刻するかもしれない」

どちらの場合も、Bのほうが「強い議論」ですね。

では次のセットではどうでしょう？

A「この福引では、五人に四人が当たる。だから、私が引いたら、たぶん当たるだろう」

Ｂ「この福引では、五人に四人が当たる。だから、私が引いたら、必ず当たる」

こちらの場合は、Ａのほうが「強い議論」ですね。

Ｂのほうは、不適切な断定ゆえに、弱い議論というよりも「論理が正しくない演繹」になっています。

10

強い議論が何かを誤解しないように。

結論を支える部分が
欠けているなら、
ロジカルではない。

11 ▸▸▸

「ロジカル」の反意語はイロジカル（illogical）です。
イロジカルには「論理が正しくない」のほかに「論理がない」の意もあります。

ただし、もちろんどんな場合でも論理が必要なわけではなく、たとえば、単なる情報伝達のメッセージには論理がある必要はありませんし、論理がなくてもイロジカルではありません。

つまり、論理がない場合がすべてイロジカルなのではなく、結論を支える部分が必要なときにそれがないとイロジカルなのです。

たとえば、「職場にお菓子箱を置くべきだ」とだけ述べて、その理由を述べないなら、イロジカルです。

さて、以上で「ロジカル」について、あなたはかなり詳しく理解できたことでしょう。

以下、いろいろな例で、ロジカルかイロジカルかを考えてみましょう。

〈なお、以下の例で「ロジカルか否か」は絶対的なものではありませんから、そのいくつかでは、あなたの判断〈ロジカルかイロジカルかの判断〉は本書に書いてあるものとは異なるかもしれません。異なっている場合は、「あなたにとって」は、あなたの判断のほうが正しいのです――ロジカルとはそういうものです）

①したい。それゆえ、する。
理にかなっていますね。ロジカル。
②したい。それゆえ、しない。
非論理的です。イロジカル。
③するべきである。それゆえ、する。
思考と行動に一貫性がありますね。理にかなっています。ロジカル。
④するべきである。でも、しない。
思考と行動に一貫性がありません。イロジカル。
⑤私はいま勉強するべきだ。それゆえ、私はいま勉強する。
ロジカル。
⑥するべきである。でも、したくない。だから、するかしないか決められない。
イロジカル。

⑦私はいま疲れていて、勉強できる状態ではない。それゆえ、勉強しない。ロジカル。
⑧私はいま勉強するべきだ。でも、私はいま疲れている。それゆえ、勉強しない。思考が混乱しています。イロジカル。

11
論理が必要なときに論理がないなら、イロジカル。

12 ▸▸▸

論理が正しくても、理屈が通らなければ意味がない。

正しくない論証のタイプはふんだんにありますが、その中で日常的に頻繁に使われているのは循環論法（circular reasoning）です。reasoning は「（結論を導いている）考え方」の意です。

循環論法は、前提の中に結論が含まれている述べ方・考え方のことで、論点先取 petitio principii ともよばれています。

そのもっとも単純な形は、「Aである。ゆえにAである」です。

これは当然ながら「論理は正しい」（演繹の項、参照）のですが、日常的な理屈の述べ方としては意味をなしません。

理屈が正しいように聞こえないのです。

■循環論法が何であるかがよくわかる、典型的な例

A「この絵画はポルノである。だからこの絵画は不道徳である」

B「なぜこの絵画がポルノなんですか？」

A「不道徳な絵だからだ」

これでは、理屈がメチャクチャですね。

■循環論法であることがわかりづらい例

「この案はうまくいきそうな気がしないな。（だから）この案ではうまくいかないだろう」

悪口のような形容詞（論点先取形容句）の使用も循環論法にあたります。

その単純な例を挙げましょう。

「それはお人よしの考え方だ。だから正しくない」（このように述べる人は通常、後半を省略します。以下の例でも同様）

「それは腰抜けの発想だ。だから正しくない」

「それって、経験が乏しい者が考えそうなことだな。だから正しくない」

「その案はお話にならんよ。だから正しくない」

これらでは、正しくない理由を示したことになっていません。「理屈をきちんと述べなければならない状況」では、数学の論証のような、正確に説明する態度が必要です（これについてはあとでまた登場します）。

12 循環論法に注意。

第2章

ロジカル・シンキングとは何か

ロジカル・シンキングに「道具」はいらない。

13 ▸▸▸

第1章で述べたように、だれもがロジカル・シンキングを意識下で（無意識に）していて、その思考にはだいたいのところ問題はありません。

で、問題となる意識上の話がこの第2章です。

さて、話を進める前に、意識上でのロジカル・シンキングとは何なのかを例を通して確認しておきましょう。

> 机の上に二枚のカードが伏せてあり、一つはハート、もう一つはスペードである。
> カードを一枚手に取ったら、それはハートだった。
> したがって、残る一枚は……？

もちろんスペードですね。

あなたは「スペード」と考えたはずです。

このときのあなたの思考はロジカル・シンキングです。

あなたは、導くことができるはずの結論を導いたのです。

導くことができるはずの結論を導く——これがロジカル・シンキングです。

……で、ちょっと脱線。
あなたのいまの思考で、あなたには何らかの道具（ツール）や手法は必要でしたか？
否、ですね。
「ロジカル・シンキングには、道具も手法も不要」なのです。
あなたがすべきことは、導くことができるはずの結論を導くことだけです。
単純ですね。
——そう、ロジカル・シンキングは単純です。
単純な思考なのです。

そして、さらに脱線。
ロジカル・シンキングは単純な思考です。
複雑に考えたら、それはロジカル・シンキングではなくなってしまいます。

それでは単にごちゃ混ぜ思考です。

――と、ここを読んだ読者の中には「いやいや、現実の問題はいつも単純とはかぎらないぞ。単純に考えられないことだって当然あるだろう」と思っている人がいるかもしれませんね。

なので、それに対して答えておきましょう。

その人はごちゃ混ぜに考えることに慣れてしまっているだけです。

現実の問題は単純です。

何がもっとも重要なのかを見失わず、もっとも重要な点から問題を見れば単純なのです。

話が先走ってしまいました。

このことについては第3章で述べることにして、一旦話をもとに戻しましょう。

13

導くことができるはずの結論を導く――これがロジカル・シンキング。

単純な結論を単純に導こう。

14 ▸▸▸

話をもとに戻します。

今度の例はこれです。

> 三枚のカードが伏せて置いてある。
> ハート一枚、スペード二枚。
> 一枚手に取ったところ、それはスペードだった。
> それを取り除き、残る二枚の中から一枚を手に取ったら、そのカード（の種類）は？

「そんなのわかるわけないよ……ハートかスペードか決められないよ」

と思った人が、かなりいるかもしれませんね。

そう考えたのなら、その人の思考にはちょっとだけ問題があります。

それは「答えが、ハートかスペードのどちらか一方だけ」のように勝手に思い込んでいる点です。


正解は、「ハートかスペード」です。

これを結論として導くことができればロジカル・シンキングは正しく行なわれています。

ロジカル・シンキングを行なうためには、勝手な思い込みや余分な思いや関係のない思考をまぎれ込ませてはなりません。

単純な結論を、単純に導く――ただそれだけで、それ以外のことを考えたらロジカル・シンキングではなくなってしまいます。

たとえば、「＊＊というわけで、私は毎日ミルクを飲むべきだ。だから毎日飲むことにしよう……とは思うんだけど、私はミルクが好きじゃないから、毎日飲むのはやだなぁ……飲むのは週に一度にしよう」とあなたが考えるのなら、それでは思考がムチャクチャで、ロジカル・シンキングではありません。

実際に飲むか否か、どれほど飲むか、などは、あなたが決めるべきことなので、あなたがイロジカルに決めようと何ら問題はありませんが、それは別として、思考をロジカル・シンキングで貫きたいなら、余分なことを考えず「だから毎日飲むことにしよう」のところで思考を終わりにすればいいのです。

そうすれば理にかなった決定で、あなたの思考はロジカルなのです。

ところで、飲まないことを決定するとしたら、ロジカルにはなりえないのでしょうか？

いいえ、そんなことはありません。ロジカルになりえます。

たとえば、こうです。

「私はミルクが好きじゃない。だから私はミルクを飲まない。ミルクを飲んだほうがいい理由は、ミルク以外のもの（たとえばチーズ）でみたせるはずだから、ミルクを飲まなくとも何ら問題はない」

これなら（まあ）ロジカルですね。

14 余分なことを考えないこと。

ロジカル・シンキングでは
結論の導き方が正しいことが、
もっとも大切。

15

では、次の例です。
あなたは推理小説（探偵小説）を読んでいます。
ある館から古い絵が盗まれ、登場人物の中に犯人がいるという設定です。
いかにも怪しい登場人物がAで、
怪しさがまったくない登場人物がBです。
あなたはたとえばこう考えます。

「Aはもっとも怪しい。だからAが犯人である可能性がもっとも高い」（α）

ロジカルですね。
この思考はロジカル・シンキングです。
また、あるいはあなたはこう考えるかもしれません。

「Bはもっとも怪しくない。推理小説では、もっとも怪しくない人物が犯人であることが圧倒的に多いから、Bが犯人だろう」（β）

これはどうでしょう?

「推理小説では、もっとも怪しくない人物が犯人であることが圧倒的に多い」の部分が確かにその通りなら、この思考はロジカルですね。

これもロジカル・シンキングです。

αもβも、結論を導いている理屈はもっともらしいので、ロジカルです――が、実際のところ、その小説で犯人はAかもしれないし、Bかもしれないし、また別の人かもしれません。

犯人の予想が外れたからといって、αやβがロジカルでなくなるわけではありません。

ロジカル・シンキングで導かれる結論は、現実的に正しくなくてもいいのです。

結論の導き方が正しければ、それでいいのです。

つまり、話は跳びますが、ロジカル・シンキングは正しい決定や正しい予測を必ずしも意味しません。

ロジカル・シンキングをしたからといって成功するわけでもありません。

たとえば、あなたが株価チャートを見て、そこで、買えば儲けられそうだと思う銘柄を買い、その銘柄を買ったのが理にかなっているとあなたが思うのなら、あなたの思考も行動もロジカルです。

その結果、あなたが大損しても、です。

また、あなたが株価チャートを見て、これを買っても儲けられないだろうと思う銘柄を買わずにいて、その銘柄を買わなかったことが理にかなっているとあなたが思うのなら、あなたの思考も行動もロジカルです。

その結果、あなたが大儲けし損なっても、です。

15

思考がロジカルか否かは、思考だけの問題。成功するかどうかは別の問題。

16 ▸▸▸

行き当たりばったりの考え方をしないこと。

では、次の例です。
今度は論理パズルを使います。

三人がジャンケン一回戦をして、一人か二人が勝ちました。
Ａ「Ｂはグーを出した」
Ｂ「Ａはチョキを出した」
Ｃ「私は二十歳」
勝った人はほんとのことを言い、負けた人はウソをついています。
いったい、だれが何を出したのでしょう?

いま調べたいのは、あなたがこの問題を解けるか否かではありません。
解くためにどのように考えたのかをチェックしたいのです。
解けなくてもまったくかまいません。
ただ、解こうと五分くらいは考えてみてください。

答えは次のページです。

さて、あなたはどのように考えましたか？

かなり多くの人が「だれが何を出したのか」をランダムにあてはめてみたでしょう。

そしてある人は「Aパー、Bグー、Cグー」がうまくあてはまるのを見つけて「これが答えだ！」と考えてここのページに進んできたことでしょう。

またある人は「Aパー、Bパー、Cチョキ」がうまくあてはまるのを見つけて「これが答えだ！」と考えてここのページに進んできたことでしょう。

どちらも不正解です。

しかも（こちらのほうが重要ですが）どちらの場合も、ロジカル・シンキングではありません。

ランダムにあてはめ、試行錯誤でかりに答えを偶然見つけたとしても、それはロジカル・シンキングではありません。

ロジカルに考えるとは、たとえば次のように理詰めに考えることです。

AとBが二人とも勝ったのなら、二人の発言（どちらも真実）より、二人は異なる手を出して、どちらも勝ったことになってしまう。

AとBが二人とも負けたのなら、二人の発言はどちらもウソで、二人は同じ手を出したことになるから、結局二人ともパーで、Cはチョキ。

Aが勝ち、Bが負けたのなら、Aの発言（真実）よりBはグーで、Aは勝ったからパー（で、負けたBの発言は確かにウソ）となり、Cはグーとパーのどちらの可能性もある。

Aが負け、Bが勝ったのなら、Bの発言（真実）よりAはチョキで、Bは勝ったからグーで、負けたAの発言が真実になってしまう。

したがって、答えは、「Aパー、Bパー、Cチョキ」か「Aパー、Bグー、Cグー」か「Aパー、Bグー、Cパー」。


今回の例（問題）が示すのは、ランダムな考え方や、

（思考なしの）試行錯誤や、行き当たりばったりの考え方などは、ロジカル・シンキングではない、ということです。

前ページのように理詰めに考えるのが、（意識上での）ロジカル・シンキングです。

なお、本問では実質的にすべての可能性をチェックしていますが、それは本問が、「すべての可能性をチェックしなければいけない問題」だからです。

テストの問題では、これはよくあることです。

とはいえ、実生活ではそのようなことはほとんどありません。

実生活のどの問題でもすべての可能性をチェックしなければいけない、と誤解しないように注意しましょう。

「すべての可能性をモレなくチェック」はロジカル・シンキングとは関係がありません。

「すべての可能性をチェックしなければいけないときにはそれをしなければいけない」——ただそれだけのことです。

ところで、すべての可能性をチェックしなければいけないときにチェックモレがあったなら……これはイロジカルですか？

いいえ。

チェックに不備があるだけです。

論理とは関係がありません。

16

理詰めに考えよう。

「広い視点」で考えることに意味はない。

17 ▸▸▸

「広い視点で考える」？

意味不明な表現ですね。

「広い視点」とはポジティヴな表現で、まるでいいことであるかのようです――が、実際はポジティヴ感だけのごまかし表現です（ちなみに「ごまかし表現」という表現はネガティヴな感じが強く、それ自身もごまかし表現に聞こえますね）。

ほんとうにいいのは「広い視点で考える」ことではなく、「もっとも重要な点をとらえている」ことです。

現実生活では、「広い視点でものを考える人」は実際にはそのように考えていなくて「思考が混乱しているだけだったり、関係のないことや重要でないこともごちゃ混ぜに考えているだけ」のことが多いようです。

具体的な例で考えてみましょう。

三つの商品があり、あなたは価格の点からどれを買おうかを決めようとしています（価格を選択基準として選びました）。

そして、Ａがよいと判断し、Ａを買うことに決定します。

これならロジカルですね。

ところがそのようにはせず、「広い視点から考えるのがよい」と余分なことを考え、「価格の点からはAがよいが、見栄えの点からはBがいいな」と考えるのでは、考え方がムチャクチャです。

そのようなことは、選択基準として何を選ぶかを決めるときに考えるべきことです。つまり、価格の点で選ぶのか、見栄えの点で選ぶのか、あるいはまた別の基準を採用するのか……それを決めるときに、です。

一旦選択基準を決めてから、別の選択基準のことを考えるのでは、思考が変なのです。

また、たとえば、あなたの会社が他社と契約を結ぶか否かを決めようとしている際、その契約自体は自社にとって損な取引で、しかし、相手の会社とはよい関係をつくれる――それで葛藤してしまう、などということはよくありそうですね。

こんなとき「広い視点」が必要ですか？

いいえ。

何がもっとも重要かを考えるだけでいいのです。

相手の会社とのよい関係をつくることがもっとも重要なら契約する、自社にとって損な取引をしないことがもっとも重要なら契約しない、ただそれだけのことです。

17

思考の混乱には要注意。

18 ▸▸▸

数学でロジカルに考える能力を鍛えよう。

数学の問題を解くのが得意な人は、だいたいのところロジカル・シンキングは非常に得意です。

それは、数学がロジカルに考える能力を育てるからです。若いころから、数学でロジカル・シンキングの基礎を作っておくのが大切です。

ところで、あなたはもう若くないけれど、いまからでもトレーニングをしたい、と思っているかもしれませんね（本書を手に取ったのなら、その可能性は高いでしょう）。トレーニングは中一向けくらいの基本問題で十分なのですが、それでも数学の問題をいまさら解く気にはなれない、と思っているなら、論理パズルでトレーニングするとよいでしょう。

行き当たりばったりの解き方をせずに理詰めに解くなら、論理パズルもロジカル・シンキングの基礎作りに十分役立つでしょう。

論理パズルは「理詰めに考える遊び」の問題なのですから。

さて、ロジカル・シンキングとは何かが、もうあなたにはだいたいわかったのではありませんか？

いろいろな状況例で、ロジカル・シンキングか否かを考えてみましょう。

☆経験をもとに考える。これは？……ロジカル・シンキングです。

でも、「経験をもとに考えたら、どんな思考でもロジカル・シンキング」なのではありません。

たとえば、「私が会ったことのある社長は一人だけで、その人は背が低かった。だから社長はだれも背が低いだろう」という思考は、ロジカルとはいえませんね。

☆プレゼンテーションの際に聞き手の反応を見ながら、どこを詳しく説明するかを微調整する。これは？……ロジカル・シンキングです。

☆アイデアを思いつく。これは？……ロジカル・シンキングではありません。

☆ある理屈の説明を聞いたときに、その理屈が理にかなっているか否かを判断する。これは？……ロジカル・シンキングです。

☆数学の問題などで（つまり演繹の問題で）「たぶん答えはこれかな？」とあてずっぽうに答えを出すのは？……ロジカル・シンキングではありません。

次は、理屈のトレーニングをかねる、半分遊びの難問です。

「ロジカル・シンキングができるようになると、結論を正しく導けるようになる」

これは正しい？

間違い。逆なのです。結論を正しく導ける人を、「ロジカル・シンキングが正しくできる人」というのです。

違いがわかりますか？　わからない人は、次の類似話題を見るとわかるかもしれません。

「絵の名手になると、（その結果）絵が非常に上手に描けるようになる」――これは間違い。

絵が非常に上手に描ける人を、絵の名手というのです。

18
プレゼンテーションの際には、聞き手の反応に応じて述べる内容を変えよう。

自分の都合・欲望で
ロジカル・シンキングが
損なわれることがある。

19 ▸▸▸

（前項に続き）さて、今度は別の状況例です。

あなたはある店に服を買いに行きます。
あなたは「着ていて暑くない服」を買おうと思っています。
このとき店員は、次の二つから選ぶなら、どうするのがよいでしょう？
(1)いまよく売れている服をすすめ、なぜ売れているかの理由を説明する。
(2)着ていて暑くない服をすすめ、なぜ暑くないのかの理由を説明する。

答えは(2)です。これが答えなのは当然ですね。「着ていて暑くない服」を店員がすすめないなら、あなたは別の店に行くでしょう。

この問題にはだれもが正解したでしょうが、現実生活では、店員のだれもがそのような行動を取るわけではありません。

むしろ取らないことのほうが多いかもしれませんね。

そう、現実では、相手にとってロジカルに見えることよりも、自分の側の都合を優先させる人は多いのです。

自分の側の都合を優先させることで、人の行動や発言はロジカルでなくなるのです。

今度の問題はちょっと紛らわしいので、ほとんどの人は間違えるかもしれません。

> あなたはある人から古い壺を買おうとしています。あなたはその壺の価値は少なくとも一〇〇万円と思っています。
> あなたは一二〇万円までなら出そうと思っています。
> ここで相手が言います。
> 「八〇万円でお譲りしましょう」
> その値段で合意しようと考えるのはロジカルですか。

いいえ、ロジカルではありません。

少なくとも一〇〇万円の価値があると思っているものを八〇万円で買おうとするのは

イロジカルです。合意するなら、あなたは貪欲なのです。

論理性が貪欲さに負けたのです。


論理性を大切にするのなら、この例の場合は金銭的にフェアでなければなりません。

つまり、八〇万円で合意してはいけません。

ではロジカル・パーソンでありたいなら、「八〇万円でお譲りしましょう」に対してどう答えたらいいのでしょう?

たとえば、こう答えればいいのです。

「その壺は少なくとも一〇〇万円の価値があります。だから八〇万円では買えません。一〇〇万円お支払いしましょう」

これがロジカル・パーソンの取るべき態度・思考・発言です。

19

交渉では、フェアであろう(フェアでないと論理性が損なわれることは多い)。

アイデアを思いつくことは、ロジカル・シンキングではない。

20 ▸▸▸

二項前に次の状況例がありましたね。

☆アイデアを思いつく、これは？……ロジカル・シンキングではありません。

これに関連する状況例をもう少し挙げてみましょう。

☆もっともらしい説を思いつく、これは？……ロジカル・シンキングではありません。

でも、思いついた説がもっともらしいか否かをチェックする際の思考はロジカル・シンキングです。

☆理に反しているかのような現象を見て、それにもっともらしい理屈を考案する、これは？……案を思いつく部分はロジカル・シンキングではありませんが、その案が理にかなっているように見えるかどうかをチェックする部分はロジカル・シンキングです。

☆何らかのトラブル発生時に、(a)原因としてありえそうな項目を挙げ、(b)挙げた項目を一つずつチェック、これは？……(a)はロジカル・シンキングではありません。(b)はロジカル・シンキングです。

以上はだいたい同じことで、考案からの経過は以下のようになります。

・案を思いつく――このときの思考はロジカル・シンキングではありません。
・いくつかの案の中から一つを「あなた」が選ぶ――このときの思考は、必ずしもロジカル・シンキングではないし、何を選んだかを人に伝えないならロジカル・シンキングである必要もありません。
・「なぜそれを選んだか」をあなたが他の人に説明する――この発言を組み立てるために（話を始める前に）ロジカル・シンキングが必要です。
・「あなたの説明を聞いた人」が、その理屈が理にかなっているか否かを判断する――これはロジカル・シンキングです。

ところで、話はかわりますが、以上でわかりますね。

日常生活では「理屈の説明」がらみでロジカル・シンキングが必要なのです。

（これは意識上のロジカル・シンキングの話。意識下ではつねにロジカル・シンキングが必要）

20

日常生活では「理屈の説明」がらみでロジカル・シンキングが必要。

21 ▸▸▸

水平思考は
ロジカル・シンキングではない。

本項は、ロジカル・シンキング理解のための重要項です。紛らわしい内容なので、軽く読んで、大ざっぱに理解するとよいでしょう。

⑱「数学でロジカルに考える能力を鍛えよう。」を読んだあと、論理思考力のトレーニングのために（⑱で述べてあるように数学の問題や論理パズルを解くのではなく）算数パズルや数学パズルを解こうと決心をした人はたぶん多いでしょうが、その人たちに注意を促しておくべき点が一つあります。

それは、（算数パズルや数学パズルの本の中には、水平思考の問題が数多く収められた本がよくあるからこそ注意が必要なのですが）水平思考の問題を解いても、ロジカル・シンキングのトレーニングにはならない点です。

水平思考の問題とは、たとえば「1、2、4、7、（　）――カッコの中に置くべき数は何？」のような、「答えは一つではなく、さらに、ある一つの答えがなぜ答えになるのかの説明が実質的に無限にある問題」のことです。

ロジカル・シンキングは、古い流行語を使うと、垂直思考です。

水平思考とは異なります。

水平思考 lateral thinking（lateral の発音は「ラタラル」）は、「ロジカル・シンキングが狭すぎる思考で、ロジカルな人はよそ見（非論理的な思考）をしない。現実生活ではよそ見だって必要」というように宣伝され、半世紀ほど前に流行した概念です。Edward de Bono（1933-）の The Use of Lateral Thinking（一九六七年刊）ではじめて使われました。

典型的な例文は、

Lateral thinking is illogical; vertical thinking is logical.

「水平思考はイロジカルで、垂直思考はロジカル」

ところで、水平思考という概念のもともとの出発点はパース（Charles Sanders Peirce, 1839-1914）が提唱した概念 abduction のようです。abduction は、guessing（当てずっぽうの推測）のことで、わけのわからない現象にもっともらしい解釈を与える思考はそれです。

パースはこれを、演繹・帰納と並ぶもう一つの推論と考えました——が、これは結局、ほとんど忘れさられました（もちろん専門家は覚えていますが）。

abduction も水平思考も、またさらに「とんち問題」を解くときの思考も、ほとんど同じものですね。

そこでは着目能力や発想能力が思考の中心となります（とはいえ、経験からくる無意識の着目や発想はロジカル・シンキングなので、垂直思考〈ロジカル・シンキング〉と水平思考とは完全に別物なのではありません）。

……でも、まあ、別物であろうとなかろうと、実生活で思考を行なう上ではどうでもいいことですね。

で、ムダ話はさておき、水平思考とは何かがよくわからない人が多少はいるかもしれませんので、例をもう一つだけ示しておきましょう。

たとえば、次の問題——見てわかるように、答えは一つではなく、なぜそれが答えになるのかの理由は、実質的に無限にあります——を解くときに使う思考（の一部）が水平思考です。

【問題】
コマドリ、ハト、コウモリ、ペンギン
仲間はずれが一つ混ざっている。それは何？

α 仲間はずれは、飛べないもの？（と着目するときの思考が水平思考）
それが解となるかをチェック（これはロジカル・シンキング）
【答え】ペンギン（これだけが飛べず、他三つは飛べる）

β 仲間はずれは、哺乳類？（と着目するときの思考が水平思考）
それが解となるかチェック（これはロジカル・シンキング）
【答え】コウモリ（これだけが哺乳類で、他三つは鳥類）

γ 仲間はずれは、二文字のもの？（と着目するときの思考が水平思考）
それが解となるかチェック（これはロジカル・シンキング）

【答え】ハト（これだけが二文字で、他三つは四文字）

δところで、まあこれはどうでもいいことですが、コマドリが答えとなるようにもできます――どんな点に着目したら、コマドリが答えになるのでしょう？

川端康成の本のタイトルに使われているのはコマドリだけのようですね（『駒鳥温泉』ポプラ社、一九五五年）。

文字中に「マ」や「ド」が入っているのもコマドリだけで、あとの三つには入っていませんね。

21 水平思考の問題を解いても論理思考力は鍛えられない。

22▸▸▸

闇雲に発想の転換を図ってはいけない。

本項は、前項の内容に若干似た話です。

発想の転換を図る（いままで考えもしなかったことを考えようとする）のはロジカル・シンキングではありません。

「発想の転換」はとてもよいこととみなされていることが多いので、まるでよいことであるかのようですが――それで大成功することは実際まれにありますが――これは基本的に行き当たりばったりの思考なので、ロジカル・シンキングではなく、必ずしもよいことではありません。

殊に、「理詰めに考えれば容易に解ける問題」を解けなくて、発想の転換を図ったら単に時間のムダです。

ところで、数学の入試問題などを解こうとするときに、ある一つの方法でうまくいかない場合に別の方法の解き方に変える――これはロジカル・シンキングです。というのは、それは、もともと、Ａでうまくいかないなら B を試み、B でうまくいかなければCを試み……という（無意識の）計画に従っている思考だからです。

つまり、単に解き方を変更しているだけで、発想の転換を図っているのではありません。

これと発想の転換とを混同してはなりません。

もちろん「発想の転換は悪いもの」と言っているわけではありません。

たとえば、研究では（仮説の検証にロジカル・シンキングは絶対に必要だけれど）ロジカル・シンキングのみでは十分ではなく、発想の転換が必要なことは多いものです。

当然ながら、発想の転換が必要なときには発想の転換は必要なのです。

要するに、闇雲に発想の転換を図るな、ということです。

つまり、「ロジカル・シンキングをするべきときにはロジカル・シンキングだけをせねばならない」ということなのです。

そのときはコンピューター的に考えましょう——余分なことを考えてはいけません。

例を一つ考えてみましょう。

あなたはいま、子ども向けの迷路の問題を解こうとしている、としましょう。

入口からゴールに向かおうとしばらく試みて上手くいかないときには、発想の転換が必要でしょうか?

いいえ、違います。

「迷路は入口からゴールに向かう試みでしか解けない」という勝手な思い込みを、単に捨てればいいのです。

もともとそのような思い込みを持っているのがイロジカルなのです。

その間違いに気づけばいいのであって、発想の転換が必要なのではありません。

22

ロジカル・シンキングをするべきときには、ロジカル・シンキングだけをせねばならない。

思考に「論理のギャップ」がかなりあることを自覚しよう。

23

日本人には、思考が感覚的な、あるいは短絡的な面があります。
つまり、いきなり結論に跳ぶような傾向があるのです。

これは言い換えれば、思考に「論理のギャップ」が激しすぎる傾向がある、ということです。

思考に「論理のギャップ」がかなりあることを自覚し、「ギャップの少ない思考」を心掛けましょう。

たとえば、商談の合間の雑談で、
「なぜ日本人は電車の中で眠るのですか？」
と訊かれたら、あなたはどう答えますか？
「眠っても安全だから」とうっかり答えそうになりませんか？
でも、そう答えるのはロジカルですか？
もちろん、安全でなければ眠るはずはないのですが……。
眠っても安全なら、眠くなくても眠りますか？
いいえ、眠らないでしょう。

また、電車で眠ってはいけないと思っていたら、眠って安全でも眠りはしないでしょう。

つまり、「眠っても安全だから」では理屈になっていないのです。

少なくとも、

「眠るのは、その人が眠いからで、そして、マナーの点でも安全性の点でも、電車の中で眠ってよいと思っているから」

くらいは答えなければロジカルではありません。

「眠いから眠る」のがメインの理由なので、これは絶対に落としてはなりません。

「眠いから眠る」のような自明なことは、日本人は省略してしまいます。

思考中に無意識に削除してしまうのです。

そして「論理のギャップ」が生じるのです。

無意識の削除は日本人にとって習慣的なものなので、よくよく注意が必要です。

ところで、「眠いから眠るのです」と答えるのは、バカげた返事ですね。
このような返事をするのがロジカルになる理由はなぜでしょう?
これについては次項で説明します。

23

自明なこととの削除に注意しよう。

質問の理由がわかるように
質問しよう。

24▸▸▸

前項の最後に書きましたが、
「眠いから眠るのです」と答えるのは、バカげた返事ですね。
このような返事をするのがロジカルになる理由はなぜでしょう?

それは、「なぜ日本人は電車の中で眠るのですか?」という質問がバカげているからです。

何らかの質問をする場合は、質問をする理由が必ずあるわけで、その理由が相手にわかるように質問をせねばなりません。

「なぜ日本人は電車の中で眠るのですか?」で、その理由が相手に伝わると考えるのなら、それは独りよがりです。

たとえば、「日本では電車の中で眠っている人がよくいるのですが、電車の中で眠っていて安全なのですか?」とか、「日本では電車の中で眠っている人がよくいるのですが、あれは睡眠不足だからですか?　もしもそうならなぜそれほど睡眠不足なのですか?　家では十分眠らないのですか?」などのように、質問の理由がわかるように質問をするべきなのです。

さて次の質問に移りましょう。

「なぜ日本では電車でマンガを読む大人がよくいるのですか?」

これには、日本人の感性としては、「日本のマンガは大人が楽しめる内容のものが多いから」と答えそうになりますね。

あるいは、「家への帰り道で、疲れていても気楽に読めるから」とも答えそうになるかもしれません。

でも、どちらも答えとしてはロジカルではありません。

たとえ日本のマンガに大人が楽しめる内容のものが多いとしても、マンガ好きな大人がいなかったり、電車の中でマンガを読んではいけないと思っていたり、読む気になれないなら、電車の中でマンガを読む大人はいないでしょう。

また、家への帰り道で、疲れていても気楽に読めるとしても、やはり同様で、マンガ好きな大人がいなかったり、電車の中でマンガを読んではいけないと思っていたり、読む気になれないなら、やはり、電車の中でマンガを読む大人はいないでしょう。

つまり、ロジカルな答えは「マンガ好きな大人が多く、

電車の中でマンガを読んでいてよいと考え、かつ、読みたいと思う(思って実行する)大人が多いから」くらいのものになりますね。

少し短く答えれば「電車の中でマンガを読みたいと思い、かつ、それを実行している大人が多いから」で、もっと短く答えれば「電車の中でマンガを読んでいる大人が多いから(よく見かけることになる)」ですね。

これを、もとの質問と並べてみましょう。

「なぜ日本では電車でマンガを読む大人がよくいるのですか?」

「電車の中でマンガを読んでいる大人が多いから(よく見かけることになるのです)」

これはバカげた会話ですね。

返事がロジカルなのに、会話がバカげたものになる理由は、質問がバカげているからです。

「なぜこの学校には生徒が多いのですか」に対する質問には、「入学する子どもが多いからです」が返事としてロジカルでしょう?

「なぜ日本では電車でマンガを読む大人がよくいるのですか?」は、それと同じタイプのバカげた質問になっているのです——質問の理由が不明であるがゆえに、です。

「日本では電車でマンガを読む大人がよくいますね。大人向けのマンガがあるのですか?」とか「朝は電車でマンガを読む大人を見かけませんが、夕方以降には電車でマンガを読む大人がよくいますね。朝はいなくて夕方以降に大勢いるのはなぜですか?」などのように、質問の理由がわかるように質問せねばなりません。

日本人は質問に対する返事がロジカルな内容でないことがよくあります(これについて詳しくは第3章で)。

また、ロジカルに答えたら変な答えになる——そのような答えを求める質問をすることもよくあります。

この点には十分な注意が必要です。

さて、さらにもう一つ、バカげた質問を。

(一昔前、日本では街のあちこちで自動販売機でアルコール飲料が売られていました)

「日本ではなぜ自動販売機でアルコール飲料が売られているんですか?」

論理的に考えてみると、どう答えるのがロジカルですか?

「アルコール飲料を自動販売機で売るのが禁止されていないからであり、その販売形式で儲かるからであり、販売機が壊されて商品が盗まれることも少ないから」くらいのものになりますね。

答えるまでもない、あたりまえな答えです。

こういう答えがロジカルになるのは質問が悪いのです。

「日本では、自動販売機でのアルコール飲料の販売が法的に許されているようですね。禁止すべきだと思いませんか？　子どもが買って飲んでしまいかねませんよ」などのように、質問の理由が相手にわかるように質問するべきなのです。

このような変な質問（ロジカルに答えると変な返事になってしまう、そういった質問）をするのは、表現の問題以前に、思考に問題があるのです。

24 変な質問をする場合は、思考に問題がある。

第3章

だれでもできるロジカル発言

発言・行動が
ロジカルであることが重要。

25▸▸▸

意識上でのあなたの思考がまったく論理的でなくとも、ただそれだけでとどまっているなら、対外的にはまったく問題はありません。

なぜなら、あなたの思考は、他のだれにも見えたり聞こえたりしないからです。


問題は、あなたの思考そのものではないのです。


人はあなたの話を聞き、記述を読み、行動を見て、あなたの思考を判断します。

だから、話や記述や行動は論理的でなければ——論理的に見えなければ——なりません。

たとえば、ある重要な行動決定をあなたが下す際、あなたは気分や直感で決めていいのです。

が、なぜそれに決めたのかを人に訊かれたときは、「それにしたい気分だったんだよ」とか「直感だよ」とは言えません。

それでは非論理的な人に見えてしまいますから。

人に答える際は、なぜそれに決めたのか、その理由をちゃんと述べられなければなりません。

しかも、聞いている人が「なるほど。そういう理由なら、その決定になるのはもっともだ」と思うように述べなければならないのです。

そうすることであなたは、ロジカル・パースンであることをアピールできますし、あなたがロジカル・パースンであることは、そうすること（発言や記述や行動）でしか示せないのです。

ところで、直感で何らかの判断をしたり決定を下す場合でも、実は意識下でロジカル・シンキングがたいていは行なわれています。

背後に「理にかなった理由」があるものですが、それが何かは自分ではよくわからないことが多いだけです。

たとえば、株価チャートがあなたにある銘柄を買うといいことを示していて、その会社に関する最近のニュースもそれを支持しているのに、なぜかそれを買う気になれない――そのような経験をあなたはしたことがあるでしょう?

虫の知らせにしても直感にしても、たいていは意識下でのロジカル・シンキングが、あなたに意識下での思考結果を告げているのです。

そのようなときは、なぜそのような虫の知らせや直感を持ったのかを、自分でじっくり考えてみるとよいでしょう。

そうすれば、意識下に隠れていた理由が見つかるでしょう。

この意識下探索を何度もしていると、意識下に隠れている理由は日に日に見つけやすくなるものです。

試してみてください。


意識下の理由発見が楽に行なえるようになると、人から何かの理由を訊かれたときに、理詰めの答えをするのがとても楽にできるようになりますよ。

25
直感には理由がある
——理由を見つけ出そう。

「そういうことなら、もっともだ」と思わせよう。

26 ▸▸▸

A「＊＊するべきなんだ」
B「なぜですか？」
A「そうするべきなんだ。それが正しいことは、だれだってわかるはずだ。きみには
それがわからないのか？」

これでは全然ダメですね。

「正しい結論」を言おうとしてはいけません。

「正しい結論」とは「あなたにとっての正しい結論」にすぎないからです。

そうではなく、「結論の導き方がもっともらしい」と相手が思うように述べましょう。

「あなた（話し手）にとってロジカル」ではダメで、聞き手にとってロジカルでなければなりません。

このことは第1章ですでに述べました。

この点に関連してもう一つ例を見ましょう。

【例】

このほど、諸般の事情により、＊＊の値上げをすることになりました。皆様には、ご理解ご協力をお願いいたします。

この例のようではだれも、値上げの理由が理解できません。理解できるはずがないことを「理解してほしい」と頼むのは、論理的にムチャクチャです。

値上げする理由なく値上げするのはイロジカルで、値上げする理由があって値上げするのはロジカルです。

後者であることを示さねばなりません。

つまり、値上げする理由を示さねばならないのです。

聞き手がそれを聞いて「そういうことなら値上げはもっともだ」と思ったのなら、聞き手にとって値上げはロジカルなのです。

聞いた人が「値上げがもっともな決定である」と結論できるための理由も資料も示さないのはイロジカルです。

ちなみに、値上げの理由を聞かずに「値上げするのなら、値上げせざるをえない理由があるのだろう」と勝手に納得する人は……奴隷のように従順な、考えの足りない人です。

26 察して勝手に納得するのは、イロジカル。

27

相手が何を求めているかに応じて話をしよう。

相手が何を求めているかに応じて話をしましょう。

交渉とプレゼンテーションを例に挙げて説明します。

まず、交渉はどのように行なうのがロジカルなのでしょう?


「どのように行なうのがロジカルかは、相手による」――が答えです。


相手があなたに何を求めているかは、相手ごとに異なります。

いまの相手が、あなたに何を求めているかに応じて交渉を行なうのがロジカルです。

たとえば、あなたにへりくだった態度を何よりも求めている人が相手なら、へりくだった態度を示すこと。

また、十分な理屈を求めている人には、理屈を十分説明すること。

また、十分な代償を求めている人には、それを与えること。


相手無視で、へりくだった態度のみで接したり、相手が聞きたくない理屈を述べ続けたり、代償の話ばかり、等々をするのはイロジカルです。

では、プレゼンテーションでは何をどのように述べるのがロジカルでしょう?
答え——聴衆が聞きたいことを、聞きたい順に述べるのがロジカルです。
たとえば、学会発表では、
・この研究はいったい何なのか(何に関するどんな研究結果なのか)
・結果そのものは何か
・何が新しい点なのか
・その結果の意義は何か
などを聴衆は聞きたがっています。

したがって、それらをわかりやすい順で単純に伝えること——それがもっとも理にかなっているのです。

プレゼンテーションで述べるべきことは基本的にはどんな場合でも同じです。
・それが何についてのどんな説明なのかを単純にわかりやすく述べ、
・ポイントが何なのかをわかりやすく「魅力的に」伝えましょう。
「なあんだ、そんなことなら言われるまでもなく、わかってるよ」とあなたは思ったでしょうね。
そうです。
ロジカルであるということは、簡単なことなのです。
「ロジカルである人」には当然のことばかりなのです。

27

当然のことを当然にやるのがロジカル。

28 ▸▸▸

「重要な点」から離れずに話をしよう。

重要な点から離れずに話をしましょう。

たとえば、何らかの問題が生じて対策を考えている場とします。

Ａが、

「対策案は三つくらいしかないようだねえ」

と言ったのに対し、Ｂが、

「いいえ、三つだなんてはずはありません。理論的には無限にあるはずです」

などと言ったら、これは論理的でしょうか。

いいえ、全然ロジカルではありません。

それでは単なる愚か者の発言です。

ここでは、「理論的にはいくつあるか」はまったく重要な点ではないからです。

ちなみに、Ａが「対策案は三つくらいしかないようだねえ」と言って、そのあと黙ったままなら、
Ｂ「どの三つですか?」

と訊くのが論理的です。

また、別の例——

ある部で雑用係としてアルバイトを一人雇うことになり、四人の女の子に面接をしたあと、部長が、

「最後の子が、真面目そうな顔で一番よかったな」

と言ったのに対し、Bが、

「顔で選ぶのは差別です。差別をするべきではありません」

と言うのは、ロジカルでしょうか。

いいえ、ロジカルではありません。それでは単なる愚か者の発言です。

場違いな理屈がロジカルになることはありません。

Bがもしも別の女の子がよかったと思っているのなら、その子を挙げ、なぜその子のほうがよいのかの理由を言うべきなのです。

たとえば、

「最初のこの子のほうがよくないですか？　口達者でマメそうでしたよ。雑用係はマメ

なほうが適役なんじゃないですか?」

という具合に言うほうが、はるかにロジカルです。

28

論点外れの理屈を述べないこと。

論理構造に関わる部分を
省略してはダメ。

29 ▸▸▸

繰り返しますが、聞き手や読み手が「理にかなっている」と思ったら、あなたの発言や記述はロジカルです。

聞き手や読み手が、「理にかなっているか否か」を判断できない発言や記述が「ロジカルだ」と思われることはありません。

聞き手や読み手が「理にかなっているか否か」を判断するために必要なものを、あなたはすべて提示しなければならないのです

――ロジカルであることを示したいのならば。

日本人はこれをしません。

日本には、いろいろなことを省略して述べる発言・記述習慣があるからです。

また察する習慣もあって、聞き手や読み手が察することができるだろう、と思う部分も省略してしまうのです。

聞き手や読み手が「察しなければならない部分」があるなら、その発言・記述はロジカルに聞こえない（見えない）のです。

聞き手や読み手が「理にかなっているか否か」を判断するために必要なものを、あなたはすべて提示しなければならない――つまり、論理構造に関わる部分を省略してはダメ、ということです。

これは重要です。

たとえば、次の例――

「きのう私が釣った魚には肺があってね……だからあれは肺魚だったんだ」

これではわけがわかりません。

(「ということは肺がある魚は肺魚だけなのか」と察して勝手に納得する人は、「わけがわからない」とは思わないでしょうが、勝手に納得するのは単なるバカです。その理由はあとで述べます)

なぜわからないのかというと「肺がある魚は肺魚だけ」という部分が述べられていないため、論理が不明だからです。

それが述べられていて、はじめて論理が成立します。

論理構造に関わる部分を省略してはなりません。

省略すると発言はイロジカルになってしまうからです。

ちなみに、「肺がある魚は肺魚だけ」は真実か否かの点からは、正しくありません。

だから、「肺がある魚は肺魚だけなのか」と勝手に納得する人は、バカを見るのです。

明言されていない部分を察したのなら、「肺がある魚は肺魚だけなの？」と確認せねばなりません。

察した内容は、必ず確認しましょう。

それがロジカルな態度です。

29

省略は「イロジカル」への道。

30▸▸▸

結論や要求を察することを、相手に求めるようではいけない。

日本人はコミュニケーション下手、と海外の人によく言われていますね。
それは説明が下手だからです。
下手な理由は、説明中に省略部分がたくさんありすぎるからです。
これに関して、次の例を見てみましょう。

■**海外での光景**
日本人上司「これのコピー、明日までに一〇部できるかな？」
現地人部下「はい」
翌日、コピーはなかった。
日本人上司「頼んだコピーは？」
現地人部下「私は頼まれていませんよ」

「この例では、部下に問題がある」とあなたが考えるなら、あなたは「典型的なコミュニケーション下手な日本人」で、海外でトラブルを必ず起こすでしょう。

上司は頼んでいません――できるか否かを訊いただけです。

頼むつもりなら、部下が「はい」と答えたあとに、上司には「なら、コピーしておいてくれないか？」の発言が必要なのです。

この例は実際にあった話で、この日本人上司は「頼んだのに」と怒っていました。

海外では、頼みごとであろうと何であろうと、伝えたいことは口に出して伝えなければいけないのです。

口に出さなければ伝えたことにはなりません。

それをこの日本人上司は知らなかったのです。


「そんなこと言わなくても相手は当然察するはず」の思い込みから発言に省略が多いのが日本人です。


これが日本人がコミュニケーション下手の――海外の人にはコミュニケーション下手に見える――主な理由です。

省略されている部分は、相手が日本人なら伝わるのですが、海外の人には伝わらないのです。

ところで、本項の内容から離れて、多少補足説明をしておきましょう。

もちろん海外の人も「察する」ことはします。

でも察した内容を「言われた内容」と脳内変換はしません。

上司の「これのコピー、明日までに一〇部できるかな?」に対して、海外の人でも察して、「はい。コピーが必要ですか?」などと言う人はいます。

でもコピーが必要かを訊かずにコピーをする人はいません。

30
口に出さなければ述べたことにはならない。

31▶▶▶

察した内容に反論してはならない。

「論理的に考えているように聞こえない人」は、どんな人でしょう？

☆論理的に考えているように聞こえない人は、発言の背後の理屈がムチャクチャで、自分ではムチャクチャであることに気づいていません。

☆論理的に考えているように聞こえない人は、いろいろなことをごちゃ混ぜに考えていて、ごちゃ混ぜに述べます。

☆論理的に考えているように聞こえない人は、（返事はしていても）質問そのものには答えていません。

質問に答えるときは、答えのつもりの発言をするのではなく、質問そのものに答えなければなりません。

そうでなければロジカルではありません。

質問ではない発言に答えるときも同様です。例を挙げましょう。

Ａ「きみの部署、きのうはずいぶん騒がしかったねぇ」

B「そう？　私には全然気にならなかったよ」
C「きみの部署、きのうはずいぶん騒がしかったねぇ」
D「きみのところのほうが騒がしかったよ」
E「きみの部署、きのうはずいぶん騒がしかったねぇ」
F「騒がしくて、何が悪いんだ？」

これらの対話を聞いて、「変な対話だな」と思わなかった人は、論理性の面で問題があります。

もしもあなたが「変な対話だなあ」と思わなかったのなら、もう一度これらの対話を読み直してください。もう一度読めば、なぜ変なのか、わかるかもしれません。

B、D、Fの発言が変である理由を以下、説明しましょう。

Aは騒がしくて「気になった」と述べてはいないのです。

さらに、Bに「きみは気にならなかった？」と訊いているわけではありません。

だから、Bが気にならなかったと述べるのでは、Bの思考が（そして発言も）変です。Cは Dのところが「もっとも」騒がしかったと述べてはいません。だからDが「きみのところのほうが」と述べるのでは、Dの思考が（そして発言も）変です。

Eは非難しているわけではなく、単に「騒がしかった」と述べているだけです。Fが非難と勝手に察しているだけです。察した非難にFは言い返しているわけで、Fの思考はムチャクチャです。もしも非難と察したのなら、言い返す前に、その察した内容が正しいかどうかを確認すべきです（それがロジカルな人の態度です）。

つまり、Eが非難していると思ったのならFは「それで？」とまず訊くべきなのです。

31 察した非難には言い返さないこと。

32▸▸▸

評価を述べたら
理由を必ず述べよう。

評価を述べたら（それが他愛ない評価であろうとも）理由を必ず述べましょう。
そうすると、ロジカル・パースンの発言に聞こえます。
たとえば、「この絵、いいねぇ」と述べたら、その理由を続けるのです——たとえば
「この絵の右の子の表情がチャーミングだよ」といったぐあいに。

日本人の発言はとても感覚的なところがあって、「評価を述べてそれで終わり」という形の発言をよくします。

あなたの周囲の人の発言を注意して聞いてみてください。
評価のあとにその理由を続ける人はまれですよ。
それに気づくだけでも、あなたのロジカル・パースン度は大きく上昇するでしょう。

Ａ「修理するには五万円あれば十分ですか？」
Ｂ「いいえ、それではたりません。もっと必要です」
Ｂの発言が全然ダメなことは説明しなくてもわかるでしょう？
Ｂは具体的にどれほど必要かを述べていませんし、また、なぜもっと必要なのかの理

由を述べていません――だからダメなのです。

評価を述べたあとに理由を添えなくとも、日本人と話しているなら、問題が生じることはほとんどないでしょう。

ところが、海外の人と話しているときは、問題が生じます――理由を述べないと、あなたはイロジカルな人であると見下されるからです。

特に英語圏の人は、他愛ない評価にも理由を添えるので――それほど理屈を大切にするので――英語を使う際にはつねに注意が必要なのです。

そのようなわけなので、英語での練習もしておきましょう（本書はワークブックではないので英語の練習問題を何問も置くわけにはいきませんが）。

【問題】

Mimi : So how do you like London, Kana?

Kana : I love it.

香奈は感想だけを述べていて、これは日本人の典型的な発言です。

日本人に答えたのなら、これでも自然で、不十分といえるほどのことではありませんが、英語の発言としては十分ではありませんね。なぜでしょう?

【答え】

理由が欠けているのです。たとえば次のように言うほうがいいのです。

I love it, Mimi. It's a great city full of interesting sights.

この問題でわかるように、ロジカルな発言とは他愛ないものなのです。

そしてまた、日本人は自分では気づかずに「十分ロジカルではない発言」をするものなのです。これにはよくよく注意が必要です。

32

「評価を述べてそれで終わり」では不十分。

33

理由がいくつ必要かは
相手しだい。

理由はいくつ挙げるのが適切なのでしょう?

この答えがわかりますか?

答えの前に、こんな状況を考えてみてください。


「なぜこの石鹸が好きなの?」と訊かれて、あなたは理由を考えます。

理由はたくさんあります。

理由はどれも抽象的な内容なので、理由がいくつあるのかよくわかりません。

ざっと数えてみても一〇以上あります。

ここであなたは答え始めます。

「好きな理由は、数えられないけど、少なくとも一〇以上あります。一つ目は××で……」とすべて挙げていきます。


これでは愚か者ですね。

相手をうんざりさせるだけです。

「理由はいくつ挙げるのが適切なのか」に対する答えは、これまでに述べてきたことから自明ですね。

理由の数がいくつが適切なのかは、相手によるのです。

理由を一つだけ求めている人に対しては一つ、二つ求めている人には二つ、三つ求めている人には……ということです。

ちなみに、日常会話では、ふつうは一つで十分です。

なお、あなたがアメリカの大学や大学院に入りたいと思ってテストを受けるなら、あなたはessay（小論文）を書くことになるでしょう。

この場合、結論を支える理由は三つが適当と広く指導されているので、アメリカで小論文を書く場合はそのように書くのが無難です——もちろん二つだからといって減点されることはありませんが。

さらに、理由を書く際の注意点を付記しておきますと、「理由は三つある。一つ目はAだからであり、二つ目はBだからであり、三つ目はCだからである」のような書き方をしてはいけません。

なぜなら、それでは冗漫だからです。

「冗漫であってはならない」のは、英語の文章の書き方の鉄則の一つです。

「同じ内容を書くなら語数はより少なく」が大基本です。

つまり、「なぜなら、Aであり、Bであり、またCであるから」のように書くべきなのです。

また、「自分で答えるための疑問文」を書いてはいけません。

たとえば「＊＊であるのはなぜか。▽▽だからである」――これでは冗漫なのです。

「＊＊であるのは、▽▽だからである」

このように書かねばなりません。

33

ルールさえ知っていれば、ロジカルな文章を書ける。

事実と結論のつながり・関連を
きちんと述べよう。

34 ▸▸▸

日本人の発言が論理的に聞こえないことは非常によくあります。

主なタイプの一覧表は㊴のおわりに示すことにしますが、そのうちの一つは次の点です。


「論理性」という点での日本人の発言の問題点の筆頭、かつ、中心（それが他の問題点に波及する）は、「論理のギャップが著しい」ということです。


これについてはすでに第2章で述べました。

発言としては、「Aなのです。だからBなのです」という形の発言で、A（事実）とB（結論）のつながり・関連が不明であるものが、論理のギャップが著しい発言の典型です。

とはいえ、発言者にはAとBのつながり・関連は当然ながら不明ではなく、自明なので省略されているのです。

したがって、この問題の解決は簡単で単純です。

AとBのつながり・関連をちゃんと述べればいいのです。

ただそれだけで、発言は論理的になります。

つまり、論理構造が自明でも、論理構造に関わる部分をどこも省略せず、すべて述べればいいのです。

【例】

「日本はいま▽▽という状況です。だから▼▼をする必要があります」

これではロジカル・シンキングがちゃんとできている人なのか、怪しい発言に聞こえます。

▽▽と▼▼との関係を明言せねばなりません。

たとえば、▽▽という状況を改善するためには、どのような目的でどのようなタイプのことをするべきかを述べ、そのためには▼▼が最適であることも述べ、なぜそうなのかの理由も述べねばなりません。

それらを述べれば、発言は論理的になります。

では、次の例——

「この新商品の箱はピンクだから、（これは）よく売れるだろうな」

これでは何か欠けていますね。何でしょう？

「箱がピンクなら、なぜよく売れるはずなのか」――その理由が欠けているのです。

それを述べねばなりません。

さらに別の例――

「この店のディスプレイは上手いね。（だから）繁盛しているんだろうな」

この発言はまったく不十分ですね。何が欠けているのでしょう？

ディスプレイが上手いといえる理由がまず欠けていて、その上手さがなぜ繁盛している予想につながるのかの理由説明が欠けているのです。

それらを述べれば、発言は十分論理的になります。

34 論理のギャップは、省略されている部分の明言で解決する。

35

「私」抜きで、客観的に述べよう。

次の問題点は、日本人が、評価を述べるだけで、評価の理由を述べないことが多い点です。

意見のつもりのものが、意見ではなく、主観的なコメントなのです。

意見は客観的に述べなければなりません。

「私」の意見なのだから主観的に述べる——これは間違いです。

日本人のこの習慣・癖はたぶん、日本人が幼少から感想文を書く際に、思いを書くだけで、理詰めに文章を書かないことからきているのでしょう。

日本人は発言が感覚的です。

理詰めに書かなければいけないときでも、感じたことだけを書くことがあります——いやだ、とか、いいとは思えない、とか、うれしい、とか……これらの場合、ほとんどつねに「私」が主語で、「私」の思い、なのです。

例を挙げましょう。

A「あの規則はいいとは思えないな。うっとうしいだけだよ。なくしてほしいものだな」

最後の「なくしてほしい」という個人的な願望も含め、Ａの発言は思いばかりです。これでは意見ではありません。

「私」抜きにすると、たとえば次のようになり、これなら「意見」です。

Ａ「あの規則は＊＊の点でよくないな。なくすべきだよ。～だから」

では、次の例――

Ａ「東京駅の近くにコンクリートで舗装されている公園がありますね。土の公園のほうが私は好きです。公園がコンクリートで舗装されているのは、私には寂しく思えます」

これではまったく意見ではありません。

「コンクリート舗装の公園を土に戻すべきだ」と思うのなら、それを述べねばなりません。

そして、なぜ戻すべきなのかの理由も述べねばなりません。

「Aが好きか否か」「Aにとって寂しいか否か」は、コンクリート舗装の公園を土に戻すべき理由とは無関係ですから、それを述べるのは余分です。

35
意見は客観的に述べよう。（「私」の意見だけれど、「私」から離れて）

短絡的な発言をやめよう。

36▸▸▸

次の問題点は、日本人は、短絡的な発言をよくする点です。

多くの日本人は、「A」と思ったときに、「私はAと思う」とだけ述べ、その理由を述べないのです。

たとえば、「その案は最善ではない」と思ったら（多くの日本人は）「私は、その案は最善ではないと思う」とだけ述べるのです。

またたとえば、「なかなかよい成績だな」と思ったら、「私は、なかなかよい成績だと思います」とだけ述べるのです。

またたとえば、「その仮説は正しいだろう」と思ったら、「私は、その仮説は正しいだろうと思います」とだけ述べるのです。

なぜそのように思うのか、理由は一切ナシです（「なぜ」と訊かれないかぎり、理由を述べません）。

理由を説明する意思が欠けているのです。

これでは発言が短絡的すぎます（幼いころ、感想文に感想だけを書いた悪影響でしょうね）。

何度も繰り返しますが、理由は必ず述べましょう。

さらに、「私」を含めるのはやめましょう。

Aと「私」は無関係なのです。

つまり、「その案が最善ではないか否か」と「私」とは関係がありません。

「よい成績か否か」と「私」とは関係がありません。

「その仮説が正しいか否か」と「私」とは関係がありません。

だから「私」を含めると、ロジカルな考え方ができない人の発言に聞こえます。

「私」と「思う」を除外し、単にAを述べ、その理由を述べる発言にしましょう。

つまり、

「その案は最善ではありません。（なぜなら）～だからです」

「なかなかよい成績だな。～だからね」

「その仮説は正しいでしょう。～ですから」

などのようにするほうがいいのです。


では、一問だけ問題を――

「あの日程はねぇ……どうにかならないものだろうか」

これでは意見ではありませんね。

どのように変えたらよいでしょう？

たとえば、こうです。

「あの日程はダメだね。～だから。それよりも△△に変更したほうがいいな。そうすれば▲▲だからね」

36
意見に「私」を使うとイロジカルな発言に聞こえる。

37▸▸▸

相手の発言を無視しないこと。

次の問題点は、日本人が相手の発言を無視することが多い点です。

もちろん、実際は無視してはいないのですが、発言の形の上では無視している形式になっている発言をよくするのです。

これは「自明なことを省略する習慣」ゆえ、です。

A「彼はその地位にふさわしいと思います」

B「でも彼は若すぎますよ」

Aはなぜふさわしいかの理由を述べていないので、その発言はロジカルではありませんが、いまはAの発言は無視してBの発言の問題点を考えてみましょう。

BはAの発言を無視して自分のコメントを述べています。

まずAのコメントに対して答えなければなりません――「私はそうは思いません」などのように。

「彼は若すぎる」は説明不足で、若すぎるからどうなのかが欠けています。

若すぎるとその地位にふさわしくないと考えるなら、なぜ若すぎるとダメなのかの理由も述べねばなりません。

Ａ「彼はその地位にふさわしいと思います」

Ｂ「私はそうは思いません。彼は若すぎるからふさわしくないでしょう。若すぎると～ですから」

これならＢは相手の発言を無視していなくて、かつ、十分ロジカルな反論になっています。別の例に移りましょう。

部長「さっきの会議はムダが多くて疲れたねぇ……」

部下「でも、有意義な決定もありましたよ」

部下は部長の発言を（形式的には）無視しています――なぜなら、ムダが多かったか否か、疲れたか否かにまったく言及していないからです。

無視していない形にするためには、少なくともそのどちらか一方に言及せねばなりません。

たとえば、

「ええ、ムダが多かったですね。でも全部がムダというわけではなかったですね。有意義な決定がありましたから」

「ええ、疲れましたねえ。でもそれは別として、有意義な決定があって、疲れたかいはありましたね」

などのように述べればいいのです。

なぜ有意義な決定と言えるのかの部分の説明がないので、その点は改善の余地がありますが、それを別にすると、これで十分ロジカルな返事ですね。

37 説明不足には要注意。

相手の質問そのものに
答えること。

38▸▸▸

次の問題点は、日本人が相手の質問に答えないことが多い点です。もちろん、実際は答えている——というよりも、答えているつもりなのですが、形の上では答えていないことがよくあるのです。

これは、質問の真意と「察した」内容に対して答える習慣ゆえです。

質問の真意と「察した」内容に対して答えるのではなく、質問そのものに答えねばなりません（さもないと、発言は論理的ではありません）。

次の会話を聞いたとき、多くの日本人は、「Bの発言が変」とは思わないでしょうが、その感覚は直さねばなりません。

A「この事業に投資することはできないんですか？」

B「わが社が財政的に苦しいことがわかってますか？」

できないかどうかを訊かれているので、Bはまずできるかできないかを答えなければなりません。

質問に対して質問を返さないこと——これが原則です（ただし、質問の意味がわからない場合は別）。

質問したいなら、相手の質問に答えたあとでなければなりません。

質問に対して質問を返すと、ロジカル・シンキングに問題がある人に聞こえます。

A「この企画は中止すべきでしょうね。売り上げが急激に落ちて、それ以来好転していませんから」

B「それは知っています。しかし、あとしばらく様子を見るべきだと思いませんか？」

この例で、Bは中止すべきか否かについての見解を述べていません。

まず、それを述べねばなりません（「しばらく様子を見るべき」と述べているから「中止すべきだ」とは思っていないことは自明だから、自明なことは述べずに省略してあってよい——その考え方ではダメです）。

また、中止するべきと思わないなら、その理由を述べる必要があります。

様子を見るべきだから中止するべきではない、では理屈になっていないのです。

様子を見るべきと述べるなら、様子を見るべき理由を言わなければなりません。

38

質問に対して、質問を返さないこと。（質問したいなら、相手の質問に答えたあとで）

訊きたいことを文字通りの表現で訊こう。

39

次の問題点は、日本人の質問やコメントが変なときがある点です。

これは、訊きたいことを文字通りの表現でしないことが原因で、さらにその原因は「自明なことの省略」や「論理のギャップ」です。

訊きたいことを文字通りの表現で訊きましょう。

また、発言の意図を明言しましょう。

Ａ「日本の教育には改善の余地が、大いにあるという批評がありますね」

Ｂ「賛成です」

これは、わけのわからない会話です。

Ａは、そのような批評があってＡ自身はどう考えているのかをまったく述べていません。

Ａの発言は意図が不明です。

それについて相手の意見を聞きたいのなら、「それについてあなたはどう思いますか?」と訊かなければいけません。

AはBに意見を訊いていないのに、Bはなぜか賛成しています。

Aの意図が不明なので、Aがこの発言のあとに何も言わないなら、Bは「で?」と訊き返すのが適切です。

A「Yの計画を採用することに決めますが、反対はありますか?」
B「反対とは言いませんが、それでもやはり、私の計画書のほうがよいと思います」

Bの発言は「反対はありますか?」に対する発言としてムチャクチャです。

反対ならちゃんと反対せねばなりませんし、反対でないなら「反対とは言いませんが~」と述べる必要はありません。

伝えたい意味は、そのまま述べるようにしましょう。

加工した形で述べてはいけません。

つまり、Xの意のつもりでYと述べてはいけません(Xの意を伝えたいなら、Xを述べねばなりません）。

これは理詰めの説明の基本です。

古くから使われている例を挙げましょう。

Ａ「二十日までに可能ですか？」

Ｂ「難しいです」

Ａが日本人なら、Ｂの返事はノーの意であることは通じるでしょう。

でもＡが海外の人なら、ノーの意では伝わりません。

その場合、Ａは「難しいけれど可能」なのか「難しくて不可能」なのかわからず、悩むことになります（きっと「難しくて不可能」の意だろう、と勝手に決め込む人はいません）。

また別の例——

「考えておきます」（現代ではどうかわかりませんが、昔は「ノー」の意のつもりで「考えておきます」と言う人がよくいました）

あとで考えるつもりがないなら、このようには言わないこと。

このように言ったなら、あとで必ず考えること。

とにかく、つねに、伝えたい意のとおりに述べましょう。

加工した形で発言をしている人が理屈を説明するときに、日頃の習慣から突然離れて、伝えたい意味のままで述べるのは難しいからです。

39 反対なら、きちんと「反対」と言おう。

日本人の発言が論理的に聞こえないことは非常によくあるということを㉞〜㊴まで述べてきました。

主なタイプの一覧表は以下のようになります。

・論理のギャップが著しい
・意見が客観的でない
・短絡的な発言をする
・相手の発言を無視した形式の発言をする
・相手の質問に答えないことが多い
・質問やコメントが変なことがある——発言とその真意が異なることがある

そして、これらをいかに避けるか・改善するかについては、すでに書いたとおりです。

第 4 章

ロジカル発言の技術

理知的な発言であれば
論理的に聞こえる。

40 ▸▸▸

理知的な発言は論理的に聞こえます。

逆に、愚かしい発言が、論理的に聞こえることはありません。

発言は理知的に述べましょう。

つまり、「つねに冷静に理性のみで知性派らしく述べる」ということで、逆に「声を荒らげたり、力んだり、感情的になったり、劣等生的な発言をするのはダメ」ということです。

例を挙げましょう。

「数学は役に立たない。数学の授業で習ったことを社会人になってから一度も使ったことがない」と言う人がまれにいます。

このような発言をすると、論理的な人には見えません
――というよりも、それ以前に、愚か者に見えます。

論理や理屈のみならず、知識や学問を尊重せねばなりません。

そして、それらを尊重している人の発言をせねばなりません。

それらを尊重していると、知的な人、頭のいい人に見え、そのように見えると、ロジカル・パースンに見えやすくなります。

ところで、「数学は役に立たない。数学の授業で習ったことを社会人になってから一度も使ったことがない」は変な発言なのですが、何が変なのでしょう?

それは、①「私が社会人になって使ったことがない学問は、すべて役に立たない学問である」と暗に述べているからです。

その人が使ったことがないという一例で一般論を述べるのは、極端すぎます。

②またその発言は、「私は使えるほど数学をよく知っていない」とも聞こえます(つまり、我知らず自分が愚か者であることを公言しているように聞こえます)。

③また、「数学は使うための学問である」と暗に述べていて、それは数学が論理思考を育てること——このことは多くの人が気づいているでしょう——に気づいていないこ

とを示しています（これもやはり、我知らず自分が愚か者であることを公言しているように聞こえます）。

この発言が変に聞こえる理由は①②③の他にもあるでしょうね。

「まあ、数学をちゃんと学ばなかったなら、思考がムチャクチャでもしかたないかな」と思われてしまう発言ですね。

40

論理や理屈のみならず、知識や学問を尊重しよう。

41▸▸▸

科学的な説明をすることが、
説得力を増す楽な方法。

科学的な発言は理知的に聞こえます。

科学的な説明ができるなら、そのように説明するのが、発言が論理的に聞こえるための楽な方法の一つです。

たとえば、展示場で、

説明員「この新製品はおいしいですよ」
見物客「なぜ？」

ここで説明員が「私はおいしいと思います」とか「私は何度も飲みましたが、その度においしいと思いましたよ」などと述べても、全然説得力がありませんね。
また、「大勢の方がおいしいと言っています」でも同様にダメですね。
でも、次の説明なら説得力は多少ともあるでしょう。
「これには＊と＊（どちらも化学物質名）が含まれているんです。それでコクがあって、なおかつすっきりした感じがあるんです」

「科学的」とは理科の用語を使わなければいけないという意味ではありません。

たとえば、次の対話例でのAの説明も、科学的です。

ここでいう科学的とは、そのような意味であると考えてください（分析的とか、理系的に意味は近いですね）。

つまり、「文系の学問も、科学的でなければならない」——この表現における「科学的」の意味です。

A「この小説はおもしろいよ。きみも読んでみなよ」

B「なぜおもしろいの？」

A「それぞれの章が短くて、話の進行が速くて飽きないし、不快な登場人物が一人もいないから、読んでいて心地よいし、話がどこに向かって進んでいるのかよくわかるから、話の進み方に大きな期待を持って読めて、期待が裏切られないストーリーだからおもしろいんだよ」

また、説明中に数字（統計値）を挙げるのも「科学的」です。
次の例ではCよりもDのほうが科学的で、説得力は強いですね。

C「ぼくは経験的に思うんだけど、女子は空間思考が男子よりも苦手なようだね」
D「＊県の中学生に空間図形の一〇〇点満点のテストをしてみたら、平均点は、女子が男子よりも一〇点以上悪かったそうだよ。女子は空間思考が男子よりも苦手なようだね」

41

数字（統計値）を挙げよう。

発言にも
「数学的な正しさ」が必要。

42▸▸▸

「論理的に正しく」発言しよう、と思っていても、どのように発言したら論理的に正しいのか、よくわからない人がいるかもしれません。

そのような人は、「数学的に（数学の論証的に）正しく」発言しよう、と考えればいいでしょう。

だいたい同じことなのですが、そう考えたほうがよりわかるのではありませんか？

そのような観点から、次の対話を見てください。

Ａ「あなたはなぜ＊＊をしたのですか？」

Ｂ「すみません。今後はしないようにします」

このような会話は日本ではよく聞かれますが……ちょっと考えてみてください。

Ｂの返事はロジカルですか？　全然ロジカルではありませんね。

「なぜしたのか」を訊かれているので、

「なぜしたのか」の理由を答えるのがロジカルです。

「数学的に正しく」とは、言い換えれば、「字面の意味だけで会話が成立しているように（論証的な正確な対応となっているように）」ということです。

たとえば、「どうしてそんなバカなことをしたんだ？」に対しては、「おまえだってするだろう？」とか「悪いか？」などと答えるのではなく、「××だったからだよ」とか、「バカなことではないよ」と答えるのです。

これなら質問と答えの間にギャップはなく、数学的に（論理的に）正しく思えるでしょう？　以下、別の例で見てみましょう。

A「その服、チャーミングだねえ」

B「いいえ、安物です」

C「慰労のためにXをする必要がある」

D「いや、Yをするほうがいいだろう」

Ｂはチャーミングか否かとは別の話をしていて、発言がムチャクチャです。また、Ｄの発言では数学的に（数学的な論証として）支離滅裂ですね。

なぜなら、字面の意味だけで会話が成立していないからです。

字面の意味だけで会話を成立させるためには、相手の表現の重要部分を使うべきなのです（そうしなければ絶対に成立しないわけではありませんが、論理についてよくわからない人は、イロジカルなことを言いたくなければ使うほうが無難です）。

つまり、たとえば、次のように述べれば数学的に（論理的に）正しくなります。

「慰労のためには、ＸよりもＹをするほうがいいだろう」とか「する必要があるのは、慰労よりもモチベーションのアップじゃないかな」等々。もちろん、これらにその理由も添えて述べなければならないことは言うまでもありませんね。

42 字面の意味だけで会話が成立しているように。

自信を持って堂々と話そう。

43 ▸▸▸

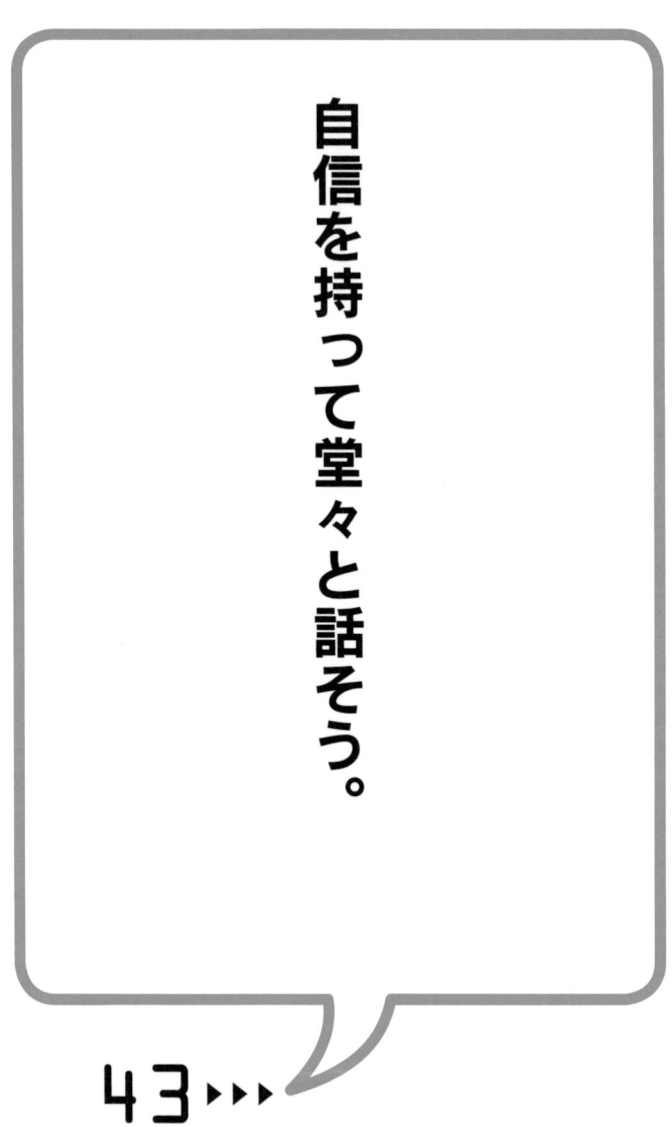

本項と次項は、英語を使う際の注意点です。

国際社会で通用する意見（はじめに参照）のために、これらは重要な内容です。

日本人は、本人は謙虚に話しているつもりであっても、海外の人から見ると卑屈なしゃべり方をしているように見えることがよくあります。

この点に注意しましょう。


卑屈に見えたら、ロジカル・パースンには見えません。


あなたが商談で英語を使っているとき、あなたは何かの理由を訊かれたとします。

あなたは直感で、理由は一つではまずいだろうと思いました。

でも自信を持って答えられる理由を一つしか思いつけませんでした。

さて、どう述べたらいいでしょう？


「理由を一つしか思いつけませんでしたが云々」と述べるのは卑屈な感じでダメです。

このようなときは It's mainly because ～. のように述べるとよいでしょう。

あなたが自信を持って答えられる理由なら、その理由は当然重要な理由でしょうし、一つしか思いつけないなら、少なくともあなたにとってはそれがメインの理由でしょうから。

これをしゃべっているうちに、あるいは、これに対する相手の返事を聞いているうちに、別の理由もたぶん思いつけるでしょう。

これはちょっと堂々とした感じで、しゃべっていて気恥ずかしいですか？

もしもそう思うのなら、その思いから抜け出せるように努力してください（いえ、努力しなくても、やがて自然に慣れます）。

英語をしゃべるときに堂々と自信を持ってしゃべるのはいいことなのです。

傲慢であったり自慢するのは英語圏でもダメですが、自然に堂々としているのはいいことなのです。

ただし、自信が持てない内容を自信があるかのように語るのはダメです。

内容に自信がないときは、内容に自信がないことを明言せねばなりません（ただし、このとき、卑屈にならないように注意）。

これには Maybe it's because ~ . で十分です。

これで自信がないことははっきり伝わります。

「ちょっとだけ自信がない」ことを示すにはどうしたらよいのでしょう？

その場合は、文末に I think を加えるのが簡単ですね。

それで「ちょっとだけ自信がないこと」ははっきり伝わります。

【例】It's because of the rain, I think.

と、I think を使った例を書きましたが、I think については、さらに書くべきもっと重要な件があります。

それが次項です。

43
自信のない意見を述べるとき、卑屈に見えることがあるので注意。

44 ▸▸▸ 「確信度」を正確に伝えよう。

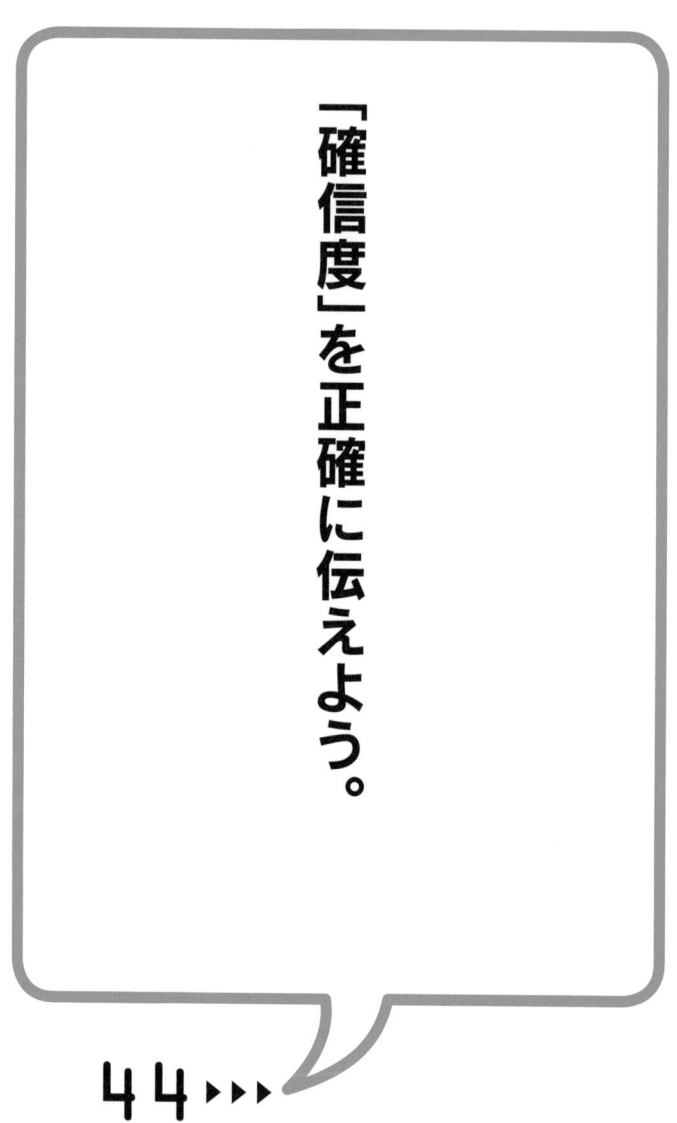

前項に続き、本項も、英語を使う際の注意点です。
日本人はI thinkが（異様に）好きで、意見を訊かれたときには、ほとんど必ず文頭にI thinkを置いて、I think～．と述べます。
答えの正しさを確信しているときでも、確信していないときでもそうです。
I thinkの連発を横で聞いていると、非常に奇妙に聞こえます。

まず、確信しているときにI thinkを使うのは間違いです。

それをすると「なぜこの人は、確信しているのに確信していないように伝えようとしているんだろう?」と疑問がわく、わけのわからない発言になります。

確信度の表わし方が適切ではないからです。

答える内容に自信がないのなら、I thinkを使って間違いではないのですが、単なる事実に関する質問（たとえば「日本でもっとも＊＊なのは何?」など）に答えるときにI thinkを使うのは変です――なぜなら、質問は事実を訊いているのであって、あなたの主観的なコメントを訊いているわけではないからです。

このようなときは、I think～ではなく、以下のように答えるほうが自然です。

たぶんXだろうな、と思うなら、
It's probably X.
Xかもしれない（けどその可能性は低い）と思うなら、
Maybe it's X. あるいは、It might be X.
もしかしたらXってことはありうるな、なら、
It could be X.（It might be X. と確信度は同じ）
Xかもしれないし、その可能性は十分ある、と思うのなら、
It may well be X.
Xであるはず、と思うのなら、
It shoud be X.

などなど、基本的には、助動詞や副詞を使って確信度を示しましょう。I think は不要です。

また、相手の意見に同意するときにも注意が必要です。
相手の意見にまったく同意するときに
I think you're right. を使ってはいけません。
それでは「たぶんあなたの言うとおりでしょう」の意だからです。

まったく同意するなら、You're absolutely right. などの表現にしなければ、あなたの意図は正しく伝わりません。

また、I think so. にも注意が必要です。

なぜなら、これは「曖昧なイエス」の意だからです（日本語の「まあね」くらいの意です）。

だから一〇〇%同意のつもりでI think so. と言っても、あなたの意図する意味は相手には伝わりません（ちなみに、一〇〇%同意を短く言いたいなら、Right. でＯＫです）。

日本人は「I think ~. を使わないでいよう」と思っているくらいのほうが、英語を正しく使えるでしょう。

では、二問だけ問題を——

【問題1】

「（もう）3時間たったよ。私たちは諦めてもいいんじゃないかと思うな」

これを英語で言うとどうなりますか？（「思う」につられてI thinkを使わないように！）

【答えの一例】

It's been three hours. We might as well give up.

【問題2】

「彼らの態度、何か変だったと思わないか？」

「いつも以上に変、ってことはないと思うよ」（いつも変、の意アリ）

これらを英語で言うとどうなりますか？（二つ目は「思う」につられてI thinkを使わないように！）

【答えの一例】

"Don't you think they were acting kind of funny?"

"No more than usual."（いつも変、の意アリ）

44

英語では、助動詞や副詞を使って確信度を示そう。

矛盾して聞こえることを
言わないようにしよう。

45▸▸▸

「あなたの言う通りです。でも云々」

このようなタイプの発言――相手が正しいことを認めたあと、反対意見を述べる――は日本ではよく聞かれます。

これは矛盾発言なので、イロジカルです。

反対意見を述べるつもりなら、相手が（全面的に）正しいことを認めてはいけません。

なお、全面的に認めるのでないなら、「でも」を続ける形でもＯＫです。

たとえば、「＊＊の点はその通りですが」と、重要でない点を認めたあと、重要な点に関して反対意見を述べる……これなら矛盾ではないのでＯＫです。

「あなたがそう思う理由はわかりますが、その理由は云々」と理由の間違いを指摘する……これも矛盾ではないのでＯＫです。

「一見そうなんですが、それは見かけだけで、実は云々」

等々、いろいろな状況でいろいろな表現が可能ですね。

なお、「Yes, but ～」の形を好む人が、日本ではかなりいて、外国人向け日本語教本の中には「ダイレクトに断らずに、Yes, but ～の形式でやんわりと断るようにしよう」と書いてある本があるほどです。

また、新入社員の研修で「Yes, but ～」を使うように、と教える会社もあるようですね。

とはいえ、「Yes, but ～」(but 以下全面否定) は決して「やんわり」ではありません。それは相手の意見を認めているかのような態度を一応は見せながら、実は「あなたには決して同意しない」という強情な言外メッセージを伝える表現なのです。

この表現の背後にある「理屈無視のイロジカルで強情な姿勢」は、海外の人(とくに英語圏の人)をいらだたせます。

「Yes, but ～」(but 以下全面否定) を使わないようにしましょう。

[類似の注意] 英語では、あいづちのつもりでyesと言わないこと

あいづちのつもりで yes を使う日本人がたくさんいますが、これは誤用です。日本語の「はい」は「意味のないあいづち」として使えるのですが、それとは異なり、yes は「意味のないあいづち」としては使えません。

45

「あなたの言う通りです。でも云々」はダメ。

相手の話の最中にあいづちのつもりでyesと何度も答え、相手の話が終わってから、But～と反論を始めるのでは、矛盾発言になってしまいます。

あいづちには、Hmmm.やUh-huh.などを使いましょう。

46 ▸▸▸ はっきりわかるように伝えよう。

意味不明な発言やわけのわからない発言が論理的に聞こえることはありません。

あなたが何を述べているのかが、すべて相手に正確にはっきりわかりやすく伝わるように話しましょう。

思考は緻密でなければなりません――緻密に、隅々まで正確に。

それがロジカル・シンキングです。

大ざっぱに、曖昧に考えるのは、ロジカル・シンキングではありません。

そして、発言も緻密で、隅々まで正確でなければなりません。

ただし、思考の詳細をすべて伝えようとすると、聞いている人は苦痛なだけなので、聞き手が聞きたいはずの部分だけ伝えるのです。

あなたの周囲にはプログラミングが得意な人（つまり、思考が緻密な人）が何人かいるでしょうが、その人たちはたいてい、説明文を書くのがとても上手です（それに気づいたことがないなら、今度その人たちの書いた説明文を読んでみてください）。

上手な理由がわかりますか？

説明文を上手に書くためには、思考が緻密である必要があり、思考が緻密なら、文章の書き方を多少練習すれば、上手に説明文が書けるからです。

ごまかさずに、正確に述べましょう。

上手な説明には、それが欠かせないのです。


「はっきりわかるように（伝える）」——英語では、Be clear. で、これは英語の書き方の鉄則の一つです。


議論は transparent でなければいけないことも鉄則です。

ここでいう transparent とは、「隅々まではっきり見える」状態を意味します。

そして、これらは話す場合でも同じように重要です。

つまり、たとえば次のようではダメなのです。

「積極的に取り組んでいこう」と述べてそれだけ。

このように述べたら、どのようにすることが積極的に取り組むことかを続けて述べねばなりません。

また、似た例ですが——

「善処いたします」と述べてそれだけ。

これもダメです。
これでは意味不明なのです。
どのようにすることがここでいう善処なのかがわかるように、もっと説明が必要です。

46 ごまかさずに、正確に。

ゴチャゴチャ言わずに、
発言は単純にする。

47▸▸▸

ロジカルな思考は単純なものなので――いろいろなものがゴチャゴチャと絡み合ってはいないので――単純に聞こえないと、ロジカル・シンキングができていない人のように聞こえます。

だから、発言は単純に聞こえなければなりません。

そのためには、

①要領を得ない発言は避けましょう（要領を得ない発言は、話す順が悪いのであって、必ずしも論理が間違いとはかぎらないのですが、ロジカル・シンキングがちゃんとできていない人の発言は、やはり要領を得ない発言になりますね）。

②結論をなるべく先に述べましょう（ただし、論理が変な発言は結論が先であってもあとであっても、いずれにしても論理は変なので、先に述べたら論理が正しくなるわけではありません）。

例を挙げましょう。

「～に該当するものは何かありますか?」

「えーと……AとBは＊＊だからちょっと違うけれど、Cはそうかもしれなくて、Dはまあそうなんじゃないだろうか」

これは、まさに要領を得ない発言の典型ですね（この発言はあまり長くないけれど、もっと長くなると、聞いていて苦痛——いや、これでも十分苦痛かも）。

このように述べるのではなく、まず短く答えて、そのあと追加説明をする形にするのが理知的（なので理にかなっている——つまり、ロジカル）です。

該当しないものが何かを訊かれているのではないから、該当しないものを答える必要はありません。

「～に該当するものは何かありますか？」

「はい、Dはまあ該当しますよ。それからCも該当するかもしれません」

この答えに論理性を加えたいなら（あなたは当然加えたいでしょうね）、理由も添えましょう——たとえば、次のように。

「～に該当するものは何かありますか？」

「はい、Dはまあ該当しますよ、＊＊ですから。それからCも該当するかもしれません、＊＊ですから」

これで十分です。

47 要領を得ない発言にならないように注意。

〈著者略歴〉
小野田博一（おのだ　ひろかず）
東京大学医学部保健学科卒。同大学院博士課程単位取得。大学院のときに２年間、東京栄養食糧専門学校で非常勤講師を務める。日本経済新聞社データバンク局に約６年間勤務。ＪＰＣＡ（日本郵便チェス協会）第21期日本チャンピオン。ＩＣＣＦ（国際通信チェス連盟）インターナショナル・マスター。ＪＣＣＡ（日本通信チェス協会、旧称ＪＰＣＡ）国際担当（ICCF delegate for Japan）。
著書に『絶対困らない議論の方法』（三笠書房）、『論理思考力を鍛える本』（日本実業出版社）、『10歳からの論理パズル　「迷いの森」のパズル魔王に挑戦！』『論理力を強くする』『論理パズル「出しっこ問題」傑作選』『史上最強の論理パズル』『論理パズル101』（以上、講談社）、『13歳からの論理ノート』『13歳からの作文・小論文ノート』『13歳からの論理トレーニング』『13歳からの論理思考力のトレーニング』『13歳からの論理的な文章のトレーニング』（以上、ＰＨＰエディターズ・グループ）など多数。

装丁：印牧真和

1分でわかる！ ロジカル・シンキング

2012年８月９日　第１版第１刷発行

著　者　小野田博一
発行者　小林成彦
発行所　株式会社ＰＨＰ研究所

東京本部　〒102-8331　千代田区一番町21
ビジネス出版部　☎03-3239-6257（編集）
普及一部　☎03-3239-6233（販売）
京都本部　〒601-8411　京都市南区西九条北ノ内町11

PHP INTERFACE　http://www.php.co.jp/

制作協力
組　版　株式会社PHPエディターズ・グループ
印刷所
製本所　凸版印刷株式会社

ISBN978-4-569-80579-5